最新法律文件解读丛书

刑事
法律文件解读

XINGSHI FALÜ WENJIAN JIEDU

人民法院出版社 编

U0951143

总第 234 辑 2024.12

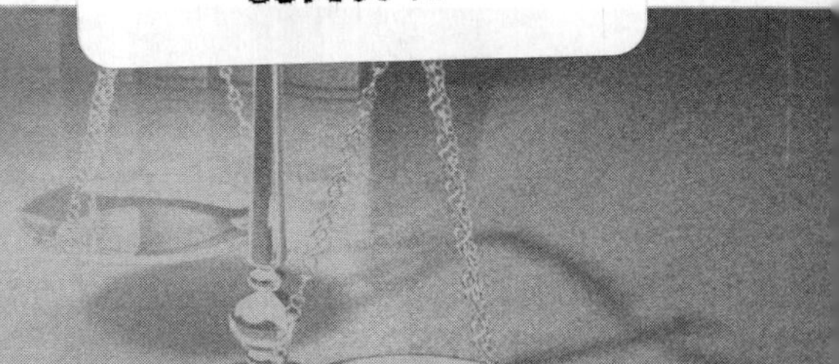

人民法院出版社

图书在版编目（CIP）数据

刑事法律文件解读. 总第234辑 / 人民法院出版社编. 北京 : 人民法院出版社, 2025. 4. -- (最新法律文件解读丛书). -- ISBN 978-7-5109-4449-9

Ⅰ. D924.05; D925.205

中国国家版本馆CIP数据核字第2025MS1736号

刑事法律文件解读·总第234辑

人民法院出版社　编

责任编辑　杨晓燕
执行编辑　周　敏
出版发行　人民法院出版社
地　　址　北京市东城区东交民巷27号　邮编　100745
电　　话　（010）67550562（责任编辑）　67550558（发行部查询）
　　　　　　65223677（读者服务部）
客服QQ　2092078039
网　　址　http：//www. courtbook. com. cn
E - mail　courtbook@ sina. com
印　　刷　三河市国英印务有限公司
经　　销　新华书店
开　　本　787毫米×1092毫米　1/16
字　　数　115千字
印　　张　8
版　　次　2025年4月第1版　　2025年4月第1次印刷
书　　号　ISBN 978-7-5109-4449-9
定　　价　28.00元

卷首语

《最高人民法院、最高人民检察院关于办理袭警刑事案件适用法律若干问题的解释》已于2024年11月4日由最高人民法院审判委员会第1930次会议、2024年6月27日由最高人民检察院第十四届检察委员会第三十二次会议通过，自2025年1月18日起施行。本辑“司法解释、司法指导性文件与解读”栏目重点收录了该司法解释及其解读文章。同时，本栏目还收录了《办理污染环境犯罪案件证据指引》（以下简称《指引》）的解读文章，对《指引》的制定背景、起草原则和总体要求、主要内容等进行了详细分析，旨在为相关办案人员提供参考。

本辑“指导案例、典型案例与解读”栏目重点收录了最高人民检察院发布的《关于印发检察机关常态化开展扫黑除恶斗争典型案例的通知》及其答记者问文章，以及最高人民法院发布的《依法惩治农村黑恶犯罪典型案例》，通过案例解析为黑社会性质组织非法控制特征认定、涉黑财产处置等方面疑难法律问题提供办案指引。

“新类型疑难案例选评”栏目共收录两篇文章。《被告人魏某香挪用资金案》对出纳挪用公司私人账户贷款所得资金的定性进行了分析，《莫某兵非法采矿案》对非法采砂案件上下游犯罪的罪与罚进行了评析，供读者交流探讨。

最新法律文件解读丛书
编　辑　部

兰丽专　（010）67550626

丁丽娜　（010）67550608

周　敏　（010）67550562

杨　洁　（010）67550656

路建华　（010）67550682

丁塞峨　（010）67550656

投稿邮箱：

《刑事法律文件解读》　xingshijiedu@163.com

《民事法律文件解读》　1216921515@qq.com

《商事法律文件解读》　shangshijiedu@126.com

《行政与执行法律文件解读》　1290312696@qq.com

目录

司法解释、司法指导性文件与解读

指导案例、典型案例与解读

司法实务问题研究

新类型疑难案例选评

司法解释、司法指导性文件与解读

最高人民法院　最高人民检察院

关于办理袭警刑事案件适用法律若干问题的解释

高检发释字〔2025〕1号

（2024年11月4日最高人民法院审判委员会第1930次会议、2024年6月27日最高人民检察院第十四届检察委员会第三十二次会议通过
2025年1月15日最高人民法院、最高人民检察院公告公布
自2025年1月18日起施行）

为依法惩治袭警犯罪，保障人民警察依法执行职务，保护人民警察人身安全，维护国家法律权威和社会秩序，根据《中华人民共和国刑法》、《中华人民共和国刑事诉讼法》和《中华人民共和国人民警察法》等法律规定，现就办理此类刑事案件适用法律的若干问题解释如下：

第一条　袭击正在依法执行职务的人民警察，具有下列情形之一的，应当认定为刑法第二百七十七条第五款规定的“暴力袭击”：

（一）实施撕咬、掌掴、踢打、抱摔、投掷物品等行为，造成轻微伤以上后果的；

（二）实施打砸、毁坏、抢夺人民警察乘坐的车辆、使用的警械等

行为，足以危及人身安全的。

与人民警察发生轻微肢体冲突，或者为摆脱抓捕、约束实施甩手、挣脱、蹬腿等一般性抗拒行为，危害不大的，或者仅实施辱骂、讽刺等言语攻击行为的，不属于刑法第二百七十七条第五款规定的“暴力袭击”。

第二条 暴力袭击正在依法执行职务的人民警察，具有下列情形之一，足以致人重伤或者死亡的，应当认定为刑法第二百七十七条第五款规定的“严重危及其人身安全”：

（一）使用枪支、管制刀具或者其他具有杀伤力的工具的；

（二）驾驶机动车撞击人民警察或者其乘坐的车辆的；

（三）其他严重暴力袭击行为。

第三条 实施袭警犯罪，具有下列情形之一的，从重处罚：

（一）造成人民警察轻伤的；

（二）致使人民警察不能正常执行职务，造成他人伤亡、犯罪嫌疑人脱逃、关键证据灭失或者公私财产重大损失等严重后果的；

（三）纠集或者煽动多人袭警的；

（四）袭击人民警察二人以上的；

（五）其他情节严重的情形。

第四条 对于人民警察执法活动存在过错，在认定行为人暴力袭击行为是否构成袭警罪时，应当综合考虑行为人的暴力程度、危害后果及执法过错程度等因素，依法妥当处理。

人民警察执法活动存在严重过错的，对行为人一般不作为犯罪处理。执法过错较大，袭击行为暴力程度较轻、危害不大的，可以不作为犯罪处理。袭击行为造成严重后果，确需追究刑事责任的，应当依法从宽处理。

第五条 醉酒的人实施袭警犯罪的，应当负刑事责任。

第六条 教唆、煽动他人实施袭警犯罪或者明知他人实施袭警犯罪而提供工具或者其他帮助，情节严重的，以共同犯罪论处。

第七条 行为人阻碍人民警察依法执行职务，但未实施暴力袭击行为的，不构成袭警罪；符合刑法第二百七十七条第一款规定的，以妨害公务罪定罪处罚。

对在非工作时间遇有紧急情况依法履行职责的人民警察实施暴力袭击，符合刑法第二百七十七条第五款规定的，以袭警罪定罪处罚。

对非执行职务的人民警察实施报复性暴力袭击的，不构成袭警罪；符合刑法第二百三十四条、第二百三十二条等规定的，依照相应犯罪从重处罚。

第八条 暴力袭击正在依法配合人民警察执行职务的警务辅助人员的，不构成袭警罪；符合刑法第二百七十七条第一款规定的，以妨害公务罪定罪处罚。

同时暴力袭击正在依法执行职务的人民警察和配合人民警察执行职务的警务辅助人员，符合刑法第二百七十七条第五款规定的，以袭警罪从重处罚。

第九条 实施本解释规定的行为，同时构成袭警罪、妨害公务罪和故意杀人罪、故意伤害罪等犯罪的，依照处罚较重的规定定罪处罚。

第十条 实施本解释规定的行为，综合考虑行为人认罪悔罪表现、赔偿损失情况、行为手段、危害后果等情形，认为犯罪情节较轻的，可以从宽处罚；犯罪情节轻微的，可以不起诉或者免予刑事处罚；情节显著轻微危害不大的，不作为犯罪处理。

第十一条 对于实施本解释规定的相关行为被不起诉或者免予刑事处罚的行为人，需要给予行政处罚、政务处分或者其他处分的，依法移送有关主管机关处理。

第十二条 对于刑法第二百七十七条第五款规定的“人民警察”，依照人民警察法的相关规定认定，包括公安机关、国家安全机关、监狱等部门的人民警察和人民法院、人民检察院的司法警察。

第十三条 本解释自2025年1月18日起施行。本解释施行后，之前发布的规范性文件与本解释不一致的，以本解释为准。

解读《最高人民法院、最高人民检察院关于办理袭警刑事案件适用法律若干问题的解释》

侯亚辉* 周惠永** 刘 涛*** 李志婷****

为依法惩治袭警犯罪，保障人民警察依法执行职务，保护人民警察人身安全，维护国家法律权威和社会秩序，最高人民法院、最高人民检察院在充分调研论证和征求意见的基础上，共同制定《关于办理袭警刑事案件适用法律若干问题的解释》（以下简称《解释》）。《解释》经最高人民检察院第十四届检察委员会第三十二次会议和最高人民法院审判委员会第1930次会议审议通过，于2025年1月15日公布，自2025年1月18日起施行。为便于司法实践中正确理解和适用，现对《解释》的制定背景、指导原则和主要内容予以说明。

一、《解释》的制定背景和经过

为依法惩治袭警违法犯罪行为，2020年1月，最高人民法院、最高人民检察院会同公安部联合印发了《关于依法惩治袭警违法犯罪行为的指导意见》（以下简称《指导意见》）。当时，袭警罪还未单独入

* 最高人民检察院检察委员会委员、普通犯罪检察厅厅长。

** 最高人民检察院普通犯罪检察厅副厅长。

*** 最高人民检察院普通犯罪检察厅二级高级检察官。

**** 最高人民检察院普通犯罪检察厅三级高级检察官。

罪，对袭警违法犯罪行为，以妨害公务罪从重处罚。自2021年3月1日起施行的刑法修正案（十一）将袭警罪作为单独罪名予以规定，并配置相应的法定刑，使暴力袭警行为不再是妨害公务罪的从重处罚情节。

近年来，经调研发现，司法实践中，不同执法司法部门之间甚至各司法机关内部，对执法司法标准和尺度存在不同认识。比如，如何界定犯罪对象范围和袭警行为的“暴力”程度、如何准确把握袭警罪与妨害公务罪等罪名的界限、如何全面准确适用法律和刑事政策实现办案“三个效果”的统一等，需要进一步统一认识和明确执法司法标准。

基于上述情况和考虑，最高人民法院、最高人民检察院在深入调研的基础上，坚持问题导向，在对各地数百起袭警罪案件进行分析，充分听取全国人大常委会法制工作委员会、公安部、司法部等相关职能单位及有关法学专家的意见，征求了各省级司法机关的意见后，制定了《解释》。

二、《解释》的指导原则

在研究制定《解释》过程中，主要遵循以下指导原则。

一是坚持惩治犯罪与保障人权相统一。人民警察代表国家行使执法权，肩负着预防、制止和打击违法犯罪、维护社会稳定等重要职责。在依法履职过程中，人民警察遭受违法犯罪分子暴力侵害，不仅危害警察人身安全，更严重损害国家法律权威、破坏国家正常管理秩序，因此，需要依法追究责任。同时，人民警察依法履职行为，不但涉及公民的人身自由，而且涉及公民社会生活的许多方面，与公民的合法权益密切相关。在办理袭警刑事案件中，如不能正确把握实质法律关系与法治精神，不能准确把握入罪标准，将会导致社会治理成本增加，不利于实现国家治理体系和治理能力现代化、厚植党的执政根基。因此，在制定

《解释》过程中，一方面，明确了袭警罪的适用标准、从重处罚的标准；另一方面，统一了入罪门槛，明确了出罪情形，有利于实现惩治犯罪与保障人权相统一。

二是坚持严格依法。前期调研发现，公检法不同部门之间、同一部门内部之间，对袭警罪的适用存在认识分歧。比如，在犯罪对象的范围界定上，是否将配合、辅助人民警察共同执行公务的警务辅助人员解释为人民警察；在“暴力”程度界定上，需要达成何种程度才能认定为袭警犯罪；在行为认定上，袭击对象既有人民警察又有辅警的情形，构成一罪还是数罪，构成哪种犯罪；在法定加重情节把握上，“严重危及人身安全”如何认定；袭警罪与其他罪名，特别是与妨害公务罪的界限如何把握；等等。《解释》遵循问题意识，对上述司法实践中的难点进行深入分析论证并听取意见，明确了执法司法标准，从而更好实现依法准确办案。

三是坚持全面准确适用宽严相济刑事政策。《解释》一方面明确了袭警罪需达到“轻微伤”以上的标准，从宽处理、不起诉或者免予刑事处罚的条件，不作为犯罪处理的情形等“宽”的一面；另一方面，也明确了加重情节的把握和“造成人民警察轻伤的”等从重处罚的情节，体现出“严”的一面。同时，《解释》明确了案件处理刑行衔接的内容，从而有利于全面准确贯彻宽严相济刑事政策。

三、《解释》的主要内容

《解释》共十三条，主要包括四方面内容：一是界定袭警罪犯罪构成中的“暴力袭击”等要件，明确非工作时间、非执行职务期间相关情况的处置，规定从重情节和从宽情节。二是明确袭警罪与妨害公务罪、故意杀人罪、故意伤害罪等其他犯罪之间的关系。三是明确涉及共同犯罪的认定、醉酒的人袭警行为的认定等问题。四是明确刑行衔接、适用范围等。现就其中的重点内容进行说明。

（一）关于袭警罪构成要件中“暴力袭击”的界定

1. 关于“暴力袭击”的具体形态

袭警罪中的暴力袭击主要包括袭击人身和袭击警用装备两类行为，后一种行为虽然没有直接袭击人民警察人身，但会造成人民警察人身伤害，或者足以危及人民警察人身安全。因此，《解释》第一条明确，对具有下列情形之一的，应当认定为刑法第二百七十七条第五款规定的“暴力袭击”：实施撕咬、掌掴、踢打、抱摔、投掷物品等行为，造成轻微伤以上后果的；实施打砸、毁坏、抢夺人民警察乘坐的车辆、使用的警械等行为，足以危及人身安全的。

司法实践中，暴力袭击人民警察的行为方式多种多样，不仅包括撕咬、掌掴、踢打、抱摔、投掷物品等，还包括肘击、踢踹、掐颈、驱使危险动物袭击或者使用电动车、自行车撞击等。在《解释》制定过程中，对“暴力袭击”的行为方式采用概括式还是列举式的表述进行了研究。如果采用列举式规定，实践中暴力袭击人民警察的方式多样，无法穷举；如果采用高度概括式规定，又不便于司法实践把握。后根据各部门的意见，采用折中的方式，在列举了几种常见的行为方式后，使用“等”的表述方式，明确在《解释》列举的手段之外，可适用“等”进行规制，从而便于具体掌握认定情形。

对于“实施打砸、毁坏、抢夺人民警察乘坐的车辆、使用的警械等行为”的，《解释》明确了“足以危及人身安全的”认定标准。需要说明的是：第一，该标准是基础标准，对于实际造成了人身伤害的，举轻以明重，自然可适用袭警罪或者其他罪名。第二，该款对人民警察乘坐的车辆、使用的警械的侵害行为，不限于条文中规定的打砸、毁坏、抢夺行为，其他行为可通过实质判断适用“等”的规定。第三，此处的"乘坐"，既包括乘坐他人驾驶的车辆，也包括人民警察自己驾驶的车辆。第四，考虑到人民警察依法执行职务时，有时驾驶非制式警车执行职务，为充分保障人民警察人身安全，《解释》规定的是"车辆"，而不仅限于"警用车辆"。

另外，考虑袭警犯罪要么针对人、要么针对物，无其他情形可适用，因此，未再规定兜底条款。

2. 关于袭警罪中造成人民警察人身伤害的入罪标准

《指导意见》规定袭警行为的入罪标准为"对民警人身进行攻击的"，没有伤害等级的要求，并将"造成民警轻微伤"规定为酌情从重处罚情节。《解释》规定，袭警罪"对民警人身进行攻击的"的入罪标准需要造成轻微伤以上后果。之所以如此规定，主要从两方面考虑：一是符合犯罪的基本特性。作为区分犯罪与违法行为的重要标准，犯罪行为要具有刑事违法性、社会危害性和依法应受刑罚惩罚性的特征。因此，判断一个行为是否追究刑事责任，除了根据构成要件进行形式上的判断外，还要对其是否侵犯了刑法保护的法益造成了社会危害、是否达到了应当以刑罚进行惩罚的程度进行综合性、实质性判断。《解释》正是基于对暴力袭击人民警察行为的社会危害性和依法应受刑罚惩罚性的整体考量，将造成人民警察轻微伤后果作为认定行为构成袭警罪的入罪标准。二是可以给治安处罚留有空间。如果不考虑实际危害，将暴力袭击人民警察的行为直接认定为袭警罪，现实中会极大削减刑罚处罚与治安处罚之间的空间，造成两种处罚界限模糊。《解释》规定"造成轻微伤以上后果"这一客观、便于把握的入罪标准，有利于明确区分刑事处罚与治安处罚的界限，给治安处罚留有空间，也有利于实现宽严相济、梯次处理的效果，避免实践中袭警罪的适用过宽。

3. 从反面规定了不属于"暴力袭击"的情形

经调研和梳理案例发现，部分行为人之所以对人民警察实施人身袭击，其主观目的并非伤害人民警察人身安全，有的系出于反抗或者摆脱抓捕、抗拒约束等原因，且造成的伤害非常轻微；有的仅处于辱骂等言语攻击或威胁阶段，还未实施人身袭击行为。对于这类情况，综合考虑刑法第二百七十七条第五款明确的犯罪构成、袭警罪保障人民警察依法履职和人身安全的本质、保障人权的理念，《解释》第一条明确，与人民警察发生轻微肢体冲突，或者为摆脱抓捕、约束实施甩手、挣脱、蹬腿等一般性抗拒行为，危害不大的，或者仅实施辱骂、讽刺等言语攻击行为的，不属于刑法第二百七十七条第五款规定的“暴力袭击”。

（二）袭警罪加重情节的认定

刑法第二百七十七条第五款规定了袭警罪加重情节，即“使用枪支、管制刀具，或者以驾驶机动车撞击等手段，严重危及其人身安全的，处三年以上七年以下有期徒刑”。司法实践中，各地对此处规定的“等手段”如何把握认识不一。基于此，《解释》第二条列举了三种严重危及人身安全的情形，即使用枪支、管制刀具或者其他具有杀伤力的工具袭击正在依法执行职务的人民警察的；驾驶机动车撞击正在依法执行职务的人民警察或者其乘坐的车辆的；其他严重暴力袭击行为。办案中，需从两个方面进行把握：一是行为方式，包括“使用枪支、管制刀具或者其他具有杀伤力的工具”袭击人民警察和“驾驶机动车撞击人民警察或者其乘坐的车辆”。其中，“其他具有杀伤力的工具”应与“枪支、管制刀具”具有相当性。二是危害后果，即“严重危及其人身安全”。同时，规定了第三项作为兜底条款，从而适应司法实践的发展，为将来应对新形式犯罪行为留下空间。

（三）袭警罪从重处罚情节

《解释》第三条从袭警造成人民警察受伤轻重、妨害人民警察依法执行职务造成的危害后果、是否纠集或煽动多人袭警、袭击人民警察的人数等方面，对袭警罪从重处罚的情节进行了列举，同时也规定了兜底条款，体现了对袭警犯罪依法严惩。其中，第二项“致使人民警察不能正常执行职务，造成他人伤亡、犯罪嫌疑人脱逃、关键证据灭失或者公私财产重大损失等严重后果的”、第三项“纠集或者煽动多人袭警的”、第四项“袭击人民警察二人以上的”基本沿用了《指导意见》相关规定的精神。

需要说明的是，关于第一项“造成人民警察轻伤的”，有意见提出是否会导致与故意伤害罪等罪名的刑罚不均衡。我们认为，考虑到如果对人民警察造成轻伤后果，同时构成了袭警罪和故意伤害罪，且袭击人民警察的主观恶性和社会危害性更重，因此，从重处罚更为妥当。第四项“袭击人民警察二人以上的”，此处的人民警察，应为《解释》第十二条规定的人民警察，不包括警务辅助人员等人员。同时，《解释》第八条第二款明确了同时暴力袭击正在依法执行职务的人民警察和配合人民警察执行职务的警务辅助人员，符合刑法第二百七十七条第五款规定的，以袭警罪从重处罚，因此，并不会造成量刑失衡。

（四）关于人民警察存在执法过错的情形

人民警察依法执行职务受法律保护，但执法不规范、有过错，将会损害执法公信力，容易导致社会矛盾激化。如果不考虑上述因素，对行为人一概以袭警罪进行惩罚，不符合刑法谦抑性原则，更不利于引导警察规范执法，最终影响警察执法公信力和司法公信力。同时，考虑人民警察执法权应当予以保障，执法不规范与存在严重过错、没有执法权有区别，因此，对于瑕疵执法引发袭警行为，造成严重后果情形时，应当认定行为人的行为具有应受刑法惩罚性，予以规制。《解释》第四条明确了人民警察存在执法过错情形的，在认定行为人的暴力袭击行为是否构成袭警罪时，应当综合考虑行为人的暴力程度、危害后果及执法过错程度等因素，准确评估社会危害性，依法妥当处理。

办案过程中，可根据执法过错情形，从以下几个方面把握。

一是判断执法过错的依据问题。公安执法涉及领域广、环节多，相关执法规范也很多，既包括国家法律，也包括部门规章和内部规定。因此，对于执法过错的判断，不能过于吹毛求疵，比如，未按规定佩戴警徽等不影响执法效力的问题等不宜认定为执法过错。因此，在判断时，一方面主要依据人民警察法、1996 年国务院发布的人民警察使用警械和武器条例等法律法规规定，另一方面执法过错也要达到一定程度。

二是如果人民警察执行职务的行为，严重违反人民警察法、人民警察使用警械和武器条例等法律法规规定，严重侵犯公民或者组织合法权益的，可依法认定不属于刑法第二百七十七条第五款规定的“依法执行职务”。

三是如果根据人民警察法、人民警察使用警械和武器条例等法律法规规定，人民警察执法活动不规范、不适当或者有其他瑕疵等，那么认定行为人暴力袭击行为是否构成袭警罪时，应在综合考虑行为人的暴力程度、危害后果及执法过错程度等因素的基础上，准确评估社会危害性。对于人民警察执法活动存在严重过错的，对行为人一般不作为犯罪处理；执法过错较大，袭击行为暴力程度较轻、危害不大的，可以不作为犯罪处理；袭击行为造成严重后果，确需追究刑事责任的，应当依法从宽处理。

（五）关于醉酒的人实施袭警犯罪的惩处

实践中，大量的袭警犯罪行为人是在酒后，有些行为人甚至是严重醉酒状态。有相当部分行为人辩解醉酒“断片”，不知道怎么袭警的；也有辩护意见提出，醉酒状态主观恶性小，应从轻处罚；甚至有人提出，犯罪嫌疑人在袭警时没有认识到是警察，不具有袭警罪的主观故意，不负刑事责任。上述意见导致出现很多不必要的争论，也给人民警察执法行为带来了限制和束缚。因此，《解释》第五条根据刑法第十八条第四款“醉酒的人犯罪，应当负刑事责任”的规定，沿用了《指导意见》中的规定，明确“醉酒的人实施袭警犯罪的，应当负刑事责任”。

（六）关于袭警罪共同犯罪

《解释》第六条根据刑法关于共同犯罪的规定，重申了《指导意见》中的相关内容，明确“教唆、煽动他人实施袭警犯罪或者明知他人实施袭警犯罪而提供工具或者其他帮助，情节严重的，以共同犯罪论处”。重申该内容，主要是为了起到提醒和警示的作用，提醒不要忽视对袭警犯罪过程中没有动手，但是积极煽动、蛊惑、教唆实施袭警犯罪或者明知他人实施袭警犯罪而实施提供工具等帮助行为的人，也应以袭警罪共犯论处，从而更好地保障人民警察人身安全，维护司法权威和社会秩序。

（七）关于对非工作时间、非执行职务期间的人民警察实施暴力袭击行为的认定

对非工作时间、非执行职务期间的人民警察实施暴力袭击的，既有遇到突发情况，根据人民警察法需要人民警察依法履行职责的行为，也有行为人因人民警察职务行为对其实施报复性暴力袭击的情况，因此，《解释》第七条对此进行了明确。

其中，《解释》第七条第二款根据人民警察法第十九条“人民警察在非工作时间，遇有其职责范围内的紧急情况，应当履行职责”和《指导意见》第五条的规定，明确了人民警察在非工作时间依法履行职责的，应当认定为依法执行职务。对在非工作时间遇有紧急情况依法履

行职责的人民警察实施暴力袭击，符合刑法第二百七十七条第五款规定的，以袭警罪定罪处罚。

《解释》第七条第三款沿袭了《指导意见》第六条的规定，系对人民警察非执行职务期间，因人民警察职务行为而实施的报复行为进行的规制。出现该类情况，因不是发生在人民警察依法执行职务期间，并不能适用袭警罪，但该类行为性质恶劣，应根据相关法律进行从重处罚。

（八）关于“人民警察”的认定及相关罪名的适用

人民警察法第二条第二款规定：“人民警察包括公安机关、国家安全机关、监狱、劳动教养管理机关的人民警察和人民法院、人民检察院的司法警察。”《解释》引用上述规定，在第十二条明确了“人民警察”的范围。

对于司法实践中争议比较大的“辅警是否属于人民警察”的问题，有观点认为，不能将袭警犯罪中的人民警察等同于人民警察法中的规定，因为实践中的确存在部分辅警在执行职务过程中被袭击，而且辅警的行为是人民警察依法执行职务的延伸，二者本质上是一体的，因此，为维护人民警察依法执行职务的权威性，应当将袭警罪中的“人民警察”扩大，对跟随人民警察执行职务的辅警以袭警罪进行同等保护。后经征求全国人大常委会法工委、最高人民法院和公安部的意见，达成了共识，认为根据人民警察法，辅警从身份上看，并不属于人民警察，因此，《解释》第八条第一款规定，暴力袭击正在依法配合人民警察执行职务的警务辅助人员的，不构成袭警罪。同时，考虑到辅警虽不能单独执行职务，但在人民警察在场指挥的情况下，可以协助人民警察执行职务，此种情况下，如果同时袭击人民警察和辅警的，可以统一认定为袭警罪，并从重处罚；仅暴力袭击正在依法配合人民警察执行职务的辅警的，不构成袭警罪，符合刑法第二百七十七条第一款规定的，以妨害公务罪定罪处罚。这样，对袭击辅警的犯罪行为也可以依法进行惩罚，避免造成打击不力。

（九）关于袭警罪与相关罪名的关系

由于袭警罪是从妨害公务罪中单列出来的犯罪，司法实践中，袭警罪和妨害公务罪如何适用，是一个难点问题。两个罪名之间是一般法与特殊法的关系，因此，如果同时符合两个罪名的构成要件，应适用袭警罪。但是，对于行为人阻碍人民警察依法执行职务，未实施暴力袭击行为，不构成袭警罪，但符合刑法第二百七十七条第一款规定的，《解释》第七条第一款明确应当以妨害公务罪定罪处罚。

同时，暴力袭击人民警察的行为，既可能对人民警察人身造成损害，也可能涉及国家财产的损失，还会对社会秩序造成危害，因此，可能会涉及故意杀人罪、故意伤害罪、故意毁坏财物罪、寻衅滋事罪、聚众扰乱社会秩序罪等罪名的适用，可能会形成竞合，因此，《解释》第九条明确，“实施本解释规定的行为，同时构成袭警罪、妨害公务罪和故意杀人罪、故意伤害罪等犯罪的，依照处罚较重的规定定罪处罚”。这里需要特别说明：一是该条款主要是针对同一行为同时构成不同罪名情形的处理，如果行为人实施的数个行为，根据法律规定，符合数罪并罚的，应作数罪并罚处理。二是司法实践中，此种情形主要包括以下几种具体情况，即行为人暴力袭击人民警察，或者行为人同一暴力袭击行为同时侵犯人民警察和配合人民警察执行职务的警务辅助人员，同时触犯袭警罪和故意杀人罪、故意伤害罪等数个罪名的，择一重罪处理；行为人暴力袭击正在依法配合人民警察执行职务的警务辅助人员，同时构成妨害公务罪和故意杀人罪、故意伤害罪等其他犯罪的，择一重罪处理。

（十）关于袭警行为从宽处理的适用

为全面准确贯彻落实宽严相济刑事政策，《解释》第十条根据刑法总则的相关规定，参考《指导意见》相关内容，明确了可以从宽处罚、不起诉或者免予刑事处罚的适用，即“实施本解释规定的行为，综合考虑行为人认罪悔罪表现、赔偿损失情况、行为手段、危害后果等情形，认为犯罪情节较轻的，可以从宽处罚；犯罪情节轻微的，可以不起诉或者免予刑事处罚；情节显著轻微危害不大的，不作为犯罪处理”。

需要注意的是，在司法实践中，要注意全面准确理解和适用宽严相济刑事政策，对于犯罪性质和危害后果特别严重、犯罪手段特别残忍、社会影响特别恶劣的袭警犯罪，虽具有本解释规定的从宽情节，依法可不予以从宽处罚。这样既避免打击面过大，也避免从宽处罚、不起诉等决定的滥用。

（十一）关于刑行衔接的问题

为了贯彻落实宽严相济刑事政策，实现刑行衔接，《解释》第十一条明确，对于被不起诉或者免予刑事处罚的行为人，需要给予行政处罚、政务处分或者其他处分的，依法移送有关主管机关处理，从而有利于实现打击治理效果。

（十二）办理袭警案件赔偿谅解的问题

对于袭警罪是否可适用当事人和解，是司法实践中出现争议较多的问题。袭警罪是刑法第六章中规定的犯罪，其侵害的客体是国家机关正常管理秩序和人民警察人身权这一双重客体。刑事诉讼法中明确规定当事人和解适用于刑法分则第四章、第五章犯罪中因邻里纠纷等民间矛盾引发的三年有期徒刑以下刑罚的故意犯罪案件和七年以下刑罚的过失犯罪案件（渎职犯罪除外），袭警犯罪不应适用当事人和解程序。同时，考虑到对违法犯罪行为人自愿认罪悔罪、积极赔偿并获得民警谅解，如果一律不予从宽，不利于违法犯罪人认罪悔罪、不利于化解社会矛盾，因此《解释》第十条规定，行为人积极赔偿并取得谅解的，可以依法从宽处理。

（十三）关于《解释》与《指导意见》的关系

考虑到《指导意见》出台时袭警罪还未单独入罪，且与《解释》具有较大不同，因此，《解释》下发后，《指导意见》与《解释》不一致的，以《解释》为准。

（来源：《人民检察》2025 年第 3 期）

解读《办理污染环境犯罪案件证据指引》

劳　娃*　谢文文**

2024 年 10 月，最高人民检察院办公厅、公安部办公厅、生态环境部办公厅联合印发《办理污染环境犯罪案件证据指引》（以下简称《指引》）。为便于准确理解和适用，现就《指引》的制定背景和主要内容等说明如下。

---

* 最高人民检察院普通犯罪检察厅二级高级检察官。
** 四川省人民检察院普通犯罪检察部三级高级检察官。

一、《指引》的制定背景

党的十八大以来，习近平总书记把生态文明建设作为关系中华民族永续发展的根本大计，大力推动生态文明理论创新、实践创新、制度创新，形成了习近平生态文明思想。2020 年 3 月，中共中央办公厅、国务院办公厅印发《关于构建现代环境治理体系的指导意见》，要求强化对破坏生态环境违法犯罪行为的查处侦办，加大对破坏生态环境案件起诉力度。党的二十届三中全会专门部署了深化生态文明体制改革，再次强调中国式现代化是人与自然和谐共生的现代化。

为进一步加大对污染环境犯罪的惩处力度，自 2021 年 3 月 1 日起施行的刑法修正案（十一）对污染环境罪作出重要修订，强调对特定区域生态环境的保护并增加了“处七年以上有期徒刑，并处罚金”这一档法定刑。最高人民法院、最高人民检察院于 2023 年 8 月及时调整司法解释，出台《关于办理环境污染刑事案件适用法律若干问题的解释》，确保法律统一、有效实施。

检察机关高度重视破坏生态环境案件的办理工作，加强与公安部、生态环境部等单位的协作配合，通过开展重点领域专项行动、发布典型案例、督办重大环境案件等方式，从严惩治污染环境犯罪。在此背景下，为深入贯彻习近平生态文明思想、习近平法治思想，进一步明确污染环境罪及司法解释修改后的办案要求，规范污染环境犯罪案件的办理工作，最高人民检察院会同公安部、生态环境部，经深入调研、共同协商，并征求最高人民法院意见，制定《指引》。

二、《指引》的起草原则和总体要求

一是坚持提高政治站位。以习近平新时代中国特色社会主义思想为指导，深入贯彻习近平生态文明思想和习近平法治思想，认真贯彻党的二十届三中全会精神和习近平总书记在全国生态环境保护大会上的重要讲话精神，始终坚持用最严格制度最严密法治保护生态环境。

二是坚持法律适用的延续性和系统性。《指引》结合现行有效的污染环境罪司法解释、规范性文件等规定，通过条目化的清单，进一步明确污染环境定罪、量刑所需的证据，点对点式引导办案人员规范、高效收集和审查证据。

三是坚持问题导向。《指引》聚焦近年来执法司法办案中面临的新情况、新问题，梳理办案实践反映突出的证据争议及难点、重点，吸收、总结各地先进办案经验，以当前污染环境犯罪案件取证技术为依托，统一基本证据要求。

四是坚持构建以证据为中心的刑事指控体系。《指引》既重视各类型污染环境入罪证据，又兼顾法定刑升档证据；既注重犯罪构成要件证据，又关注量刑证据。建立从客观性证据到主观性证据的审查模式。

同时，《指引》提出收集、审查污染环境犯罪证据，应坚持依法规范、全面客观、证据裁判三个原则。

一是依法规范原则。办案机关应合法、科学、规范收集、固定、审查、运用证据，依法规范适用对物强制措施，严禁使用非法手段收集证据，不得伪造、隐匿、毁灭证据。该原则通过强调程序合法性，提示办案人员依照刑事诉讼法的相关规定审查取证合法性与办案合法性。

二是全面客观原则。办案机关应全面客观收集、提取、移送、审查与案件定罪量刑有关的证据材料。主要体现在既重视有罪、罪重的证据，又重视无罪、罪轻的证据，不得选择性取证和选择性移送证据。这一原则旨在提示办案人员秉持客观公正立场，审查案件时不能遗漏证明无罪、罪轻的证据。

三是证据裁判原则。办案机关应将证据作为认定事实和适用法律的基础，贯彻“以事实为根据，以法律为准绳”这一诉讼法基本原则，认定犯罪的事实和情节都应当有相应证据证明。这一原则是收集、运用《指引》所列全部证据的目的性要求，旨在提示办案中应根据个案具体情况，依托取证技术构建证据体系。

三、《指引》的主要内容

《指引》依照刑法、刑事诉讼法及相关司法解释规定，全面、系统地列明证明环境污染犯罪各定罪量刑情节的重点证据。除第一部分基本原则外，分为证明犯罪客观方面的证据、证明犯罪主体的证据、证明犯罪主观方面的证据、证明共同犯罪的证据、证明量刑情节的证据。

（一）关于证明客观方面的证据

一是证明发生刑法第三百三十八条规定的排放、倾倒、处置行为的证据。常见的是犯罪嫌疑人预谋、实施污染环境行为而形成的现场、书面或电子留痕。一般情况下，污染环境犯罪发生后，公安机关、生态环境执法部门单独或联合到现场检查，能够及时形成现场勘验、检查笔录、现场照片等证明实施污染环境行为的证据。需要注意的是，依据公安部《公安机关现场执法视音频记录工作规定》第四条、生态环境部《生态环境执法人员行为规范》第十一条的规定，公安机关、生态环境执法部门现场取证应当留有视音频记录。必要时，该视听资料可以作为证据使用。另外，当前跨境处置工业固体废物问题日趋严峻，逐渐形成非法产、运、销、处置的黑灰产业链。办理此类案件，在查明排放、倾倒、处置的现场情况后，还需重点审查书证、视听资料、电子数据等证据材料，进一步查明各环节的行为内容及参与人情况。

二是证明排放、倾倒、处置的污染物属性的证据。即证明污染物是否属于刑法第三百三十八条规定的有放射性的废物、含传染病病原体的废物、有毒物质或者其他有害物质。鉴定意见、检测报告等能够直接证明污染物的属性，但实践中存在鉴定贵、鉴定难等问题，且部分案件存在污染物缺失等情况。《指引》起草组认为，具有真实性、合法性、关联性，能够证明污染物情况的一切材料都是证据。办案机关可以调取环境影响评价文件、生产流程示意图，以及《关于办理环境污染刑事案件适用法律若干问题的解释》第十五条增加的排污许可证、排污登记表等证据，并综合其他在案证据排除合理怀疑，达到证据确实、充分的证明标准，亦能认定污染物的属性，不一定每个案件必须进行鉴定。同时，鉴于上述判断过程专业性较强，办案机关可指派、聘请有专门知识的人提供意见，进一步论证结论的准确性。

《指引》起草过程中有意见提出，将《指引》中所列生态环境主管部门、公安机关出具报告以及《关于办理环境污染刑事案件适用法律若干问题的解释》第十五条规定的书面意见的出具主体限于地级、市级以上单位。经研究认为，生态环境案件的执法权原则上归市级生态环境部门，且生态环境问题较为专业、复杂，基层执法力量和办案能力相对薄弱，从对等性、权威性的角度考虑，《指引》起草组采纳该意见，将出具报告的单位统一规定为地级、市级以上生态环境主管部门、公安机关等。

三是证明符合犯罪成立条件的证据。该部分明确《关于办理环境污染刑事案件适用法律若干问题的解释》第一条中十种“严重污染环境”的具体情形、第二条中十种“情节严重”的具体情形、第三条中四种“情节特别严重”的具体情形应分别重点收集和审查的证据。该部分在《指引》中篇幅最长，下面重点说明以下几个问题。

(1)《指引》起草过程中，有意见建议调整体例，按照法定证据种类或取证过程分类，并列明取证重点、规范取证程序。经研究，出台证据指引的目的是明确污染环境犯罪案件定罪量刑需要重点收集和审查的证据，与侦查指引有一定区别。检察机关审查证据、引导取证的通常思路是判断司法解释所规定的入罪或升档情形所需证据是否确实、充分。故尽管将《关于办理环境污染刑事案件适用法律若干问题的解释》第一条、第二条、第三条中的三类情形进行分类列举会出现证据重复、排序冲突等现象，但能够直观呈现各类污染环境行为的定罪量刑证据，为司法办案提供指引，故未采纳上述意见。

(2)《指引》起草过程中，有意见建议增加证明污染后果的证据。从污染环境罪的修改历程来看，逐渐呈现法益保护前置化、惩罚严厉化等特点，大部分入罪情况并不需要查明实害后果，只要具有环境污染的危险即可。最高人民法院、最高人民检察院、公安部、司法部、生态环境部联合印发的《关于办理环境污染刑事案件有关问题座谈会纪要》第二条第八款已明确“司法实践中认定非法排放、倾倒、处置行为时，……从其行为方式是否违反国家规定或者行业操作规范、污染物是否与外环境接触、是否造成环境污染的危险或者危害等方面进行综合分析判断”。同时，实践中实施排放、倾倒、处置行为但未造成环境污染的情况并不常见，如要求每个案件均收集证据证明，会增加侦查取证的难度。故未采纳该意见。

(3)《关于办理环境污染刑事案件适用法律若干问题的解释》依据大气污染防治法第二十条第二款的规定，新增“非紧急情况下开启大气应急排放通道”这类逃避监管的入罪情形，实质是针对大气污染物被非法排放后会迅速逸散，难以取得污染物含量、重量等方面证据，而降低了入罪证明难度。《指引》对此类入罪情形单独规定了证据要求，指出需要重点审查证明“非紧急情况下”“开启大气应急排放通道”的证据。一般而言，办案机关通过现场勘验、检查、调取现场监控视频，以及生态环境主管部门出具的调查报告能够证明前述两点。如果存在现场证据灭失、查处不够及时等情况，可以通过对设备中存储的数据及企业生产工艺进行综合性、专业性分析，判断是否可能发生紧急情况，以及是否曾开启大气应急排放通道。

(4)《指引》认为，《关于办理环境污染刑事案件适用法律若干问题的解释》新增的“二年内曾因在重污染天气预警期间，违反国家规定，超标排放二氧化硫、氮氧化物等实行排放总量控制的大气污染物受过二次以上行政处罚，又实施此类行为的”入罪情形，除重点审查证明行为和污染物种类的证据，并结合国家政策和法律法规规定判断是否属于“实行排放总量控制的大气污染物”外，还应重视证明“二年内因超标排放实行排放总量控制的大气污染物受过二次以上行政处罚”的前行为证据，以及证明“重污染天气预警期间”“超标”等现行为的证据。前者主要包括行政处罚决定书及行政执法部门查处违法事实时所取得的材料；后者一般有生态环境监测机构的监测数据、预警信息，以及污染物的检验、检测报告等。

(5)《关于办理环境污染刑事案件适用法律若干问题的解释》在“重点排污单位篡改、伪造自动监测数据或者干扰自动监测设施，排放化学需氧量、氨氮、二氧化硫、氮氧化物等污染物的”基础上，依据国务院公布的《排污许可管理条例》第二十条第一款的规定，新增“实行排污许可重点管理的单位”这一行为主体。因行政主管部门对此类单位的管理比较完善，故《指引》指出，可通过查询名录等方式查明涉案单位是否在名录、名单内。

(6) 刑法修正案（十一）明确列举了四种应当处七年以上有期徒刑的行为类型。《关于办理环境污染刑事案件适用法律若干问题的解释》第三条列举的相关情形可分为两类：一类需要依据专业判断得出结论。例如，“造成自然保护地主要保护的生态系统严重退化”“造成国家确定的重要江河、湖泊水域生态系统严重退化的”“致使永久基本农田五十亩以上基本功能丧失或者遭受永久性破坏的”等。此类情形下，除重点审查政府批准文件、证明文件，以及现场勘验示意图等证据，以确定案发地是否为重点保护区域、重要江河、湖泊水域等外，还需按照规范程序聘请具备专业资质或有专门知识的人或有关单位出具鉴定意见、报告等材料。此外，证明“致使三人以上重伤、严重疾病，或者一人以上严重残疾、死亡的”所需证据与故意伤害类案件类似，一般包括鉴定意见、检验报告、有关单位的报告，以及病历、医疗诊断记录、诊断证明书等。另一类可依据常识结合在案证据得出结论。例如，“致使设区的市级城区集中式饮用水水源取水中断十二小时以上的”情形。除行政主管部门出具的调查报告、情况说明能够直接证明该事实外，专业机构的检验、检测报告，以及自来水供水水质监测设备、管理系统等设施或平台存储的电子数据亦能够证明该集中式饮用水水源恢复可饮用标准的时间、取水中断持续的时间等。

四是证明因果关系的证据。通常情况下，污染环境犯罪案件因果关系的判断不具有争议性，但是在非封闭式排污、连续性排污等可能存在多个行为主体同时或先后实施排污行为导致污染后果的情况下，如何认定以及能否认定因果关系存在比较大的争议。《指引》起草过程中，有意见提出，为解决上述特殊情形下因果关系认定的难题，在证明因果关系的证据标准上，除需证明证据具有同一性外，还应证明证据具有排他性或唯一性。经研究，因果关系的理论非常复杂，个案情形也复杂多样，如行为无法造成环境污染，则不构成污染环境罪，无须考虑是否存在因果关系；如行为有造成环境污染的危险或危害，即使多个污染行为共同导致环境污染，亦不能排除刑法上的因果关系。故未采纳该意见。但是，多因一果情况下能否成立犯罪，还需进一步审查行为人主观等方面的证据。

（二）关于证明犯罪主体的证据

一是证明自然人身份的证据。该部分与证明其他普通犯罪的证据要求相同。需要注意的是，因大部分污染环境犯罪发生在生产及其关联领域，即使不成立单位犯罪，也可能与一定的职业或职位相关，因此，应重点审查行为人岗位任职文件、劳动合同、岗位职责等证据。

二是证明单位身份的证据。应重点审查两方面证据：其一，单位是否适格。审查企业营业执照、工商登记资料、许可证，以及事业单位、社会团体等主体的设立文件、法人代码，证明涉案单位属于刑法第三十条规定的“公司、企业、事业单位、机关、团体”，且并非为实施犯罪设立或设立后以实施犯罪为主要活动。其二，是否以单位名义，为单位谋取利益。重点审查证明决定、批准、组织、策划污染环境犯罪行为的合同、章程、协议书、会议记录或纪要、签字记录等；证明指挥、授意、纵容污染环境犯罪行为的聊天记录等；证明实施污染环境犯罪行为使用单位公章、印鉴、车辆的记录等；证明获利情况的财务账目、转账记录等证据。另外，应根据在案证据明确对单位犯罪直接负责的主管人员和其他直接责任人员。

（三）关于证明主观方面的证据

一是审查犯罪嫌疑人的供述和辩解。除审查犯罪动机、目的、预谋情况，以及时间、地点、参与人、方式、经过、结果等与犯罪事实相关的内容外，还应重点审查犯罪嫌疑人是否具有违法性认识。污染环境罪虽然具有行政犯属性，但是基于数十年严厉打击生态环境犯罪的政策背景和宣传，社会民众对某类行为是否可能触犯环境领域相关法律法规应当具有一定程度的认知；又由于环境领域的专业性，在认定犯罪嫌疑人是否具有违法性认识时，仅需证明其认识到自己的行为可能被法律负面评价，不需要证明其认识到具体的违法情形或惩罚后果。

二是审查其他间接证据推定主观明知。该部分主要明确《关于办理环境污染刑事案件有关问题座谈会纪要》“关于主观过错的认定”部分七种常见主观推定情节应分别重点审查的证据。《指引》起草过程中，有意见建议将此部分内容作为证明单位犯罪主观方面的证据单独列举，并重点论证“行为系由单位集体研究决定，或者由单位的负责人授权或被授权的其他人员决定、同意的，谋取的不正当利益归属单位所有”。经研究，虽然“行为系由单位集体研究决定”“谋取的不正当利益归属单位所有”涉及单位犯罪的主观方面，但相关证据与审查判断思路同样适用于区分单位犯罪与个人犯罪以及确定对单位犯罪直接负责的主管人员和其他直接责任人员。故未采纳该意见。

（四）关于证明共同犯罪的证据

污染环境犯罪多为共同犯罪。《指引》专门设置“证明共同犯罪的证据”章节，旨在提示办案人员在审查前述证明犯罪构成要件事实的证据时，重点关注其中证明共犯主观上明知他人实施污染环境行为，客观上参与污染环境行为的相关环节，或提供资金、场地、许可证明等帮助的内容，确保准确划定“共同犯罪圈”。《指引》起草过程中，有意见建议，将与共同犯罪有关的证据分为“证明共同犯罪的证据”与“证明共同犯罪地位、作用的证据”。经研究认为，二者确实存在差别，前者侧重于共同犯罪的成立条件，且仅需要提示证据审查方式；后者侧重于对各共同犯罪人区别量刑，且还需列明需要重点审查的证据。故采纳该意见，并将“证明共同犯罪地位、作用的证据”列入“证明量刑情节的证据”条目下。

（五）关于证明量刑情节的证据

一是证明法定量刑情节的证据。污染环境犯罪案件中常见的法定量刑情节包括自首、立功、从犯、认罪认罚、累犯等。由于被动到案、主犯、具有累犯以外的前科劣迹等情节，系办理案件应当查明的事实，且与前述法定量刑情节需要审查的证据相似，为减少内容重复，《指引》将前述两类量刑情节合并，分别明确判断自首及其他发破案经过、共同犯罪地位和作用、认罪认罚、检举立功、前科劣迹等情节应重点审查的证据。

二是证明酌定量刑情节的证据。该部分明确《关于办理环境污染刑事案件适用法律若干问题的解释》第五条规定的五种从重情节及第六条规定的“积极修复生态环境”从宽情节应分别重点审查的证据。需要注意的是，《指引》“积极修复生态环境”部分的表述参考了《关于办理环境污染刑事案件适用法律若干问题的解释》修改前的内容。原因是“及时采取措施，防止损失扩大、消除污染，全部赔偿损失”属积极修复生态环境的题中之义，《关于办理环境污染刑事案件适用法律若干问题的解释》为简化表述予以删除，但是从证据指引的角度考虑，宜通过全面表述待证事实所包含的内容，引导办案人员充分收集、审查证明犯罪嫌疑人开展生态修复、赔偿生态环境损失等情况及效果的证据。

（来源：《人民检察》2024年第24期）

指导案例、典型案例与解读

最高人民检察院

关于印发检察机关常态化开展扫黑除恶斗争典型案例的通知

（2025年2月5日）

各省、自治区、直辖市人民检察院，新疆生产建设兵团人民检察院：

为深入贯彻党的二十大和二十届三中全会精神，深入贯彻落实反有组织犯罪法，常态化开展扫黑除恶斗争，不断推进扫黑除恶斗争法治化、规范化、专业化，最高人民检察院选编了“罗某明等人组织、领导、参加黑社会性质组织案”等5件典型案例，印发你们，供办案时参考借鉴。

案例一　罗某明等人组织、领导、参加黑社会性质组织案

【关键词】

黑社会性质组织　开设赌场　警情串并　综合治理

【基本案情】

被告人罗某明，男，43 岁，无业。曾因犯非法拘禁罪被判处有期徒刑七个月，因非法携带管制刀具、殴打他人、故意毁坏财物、赌博多次被行政处罚。

被告人詹某，男，38 岁，无业。曾因犯盗窃罪被判处有期徒刑七个月，因寻衅滋事、赌博被行政处罚。

被告人王某登，男，36 岁，无业。曾因故意损毁财物、赌博被行政处罚。

被告人陆某会，男，37 岁，无业。曾因伪造身份证件、殴打他人被行政处罚。

其他 11 名被告人基本情况略。

2008 年以来，被告人罗某明带领被告人王某登开始在江苏省苏州市相城区陆慕镇、东桥镇等地赌场混迹，并通过放“水钱”收取高额利息。2012 年起，被告人罗某明、王某登在苏州市相城区黄埭镇拓展贵州老乡赌博圈，陆续招揽被告人詹某、陆某会、李某刚、李某龙等人在黄埭镇东桥一带通过开设赌场、发放“水钱”，逐渐积累资金，发展涉赌人脉关系。2013 年 10 月 22 日，为排除竞争对手、争抢赌客资源，

被告人罗某明纠集手下持砍刀、钢管、鱼叉等工具，在苏州市相城区黄埭镇西桥村与他人斗殴，后罗某明团伙在苏州市黄埭镇一带站稳脚跟，并开始有组织地实施各种违法犯罪活动。

2013年以来，为进一步壮大势力、谋取非法利益，被告人罗某明陆续纠集、吸收被告人麦某伟、龙某、卢某平等10余名刑满释放人员和社会闲散人员，通过发放工资、聚餐娱乐、派发红包、善后安抚等方式对组织成员进行拉拢、控制，采取训斥、调岗、开除等方式对违反纪律、背离组织的成员实施惩戒、立威，逐渐形成了以罗某明为组织者、领导者，詹某、王某登、陆某会为骨干成员，麦某伟、龙某、卢某平为积极参加者，杨某全等人为一般参加者的黑社会性质组织。

该组织长期盘踞在苏州市相城区黄埭镇、无锡市新吴区鸿山街道等城乡交界地带，利用位置隐蔽、监管薄弱等条件，以开设赌场、高利放贷为基础和资金来源，以暴力为后盾排挤竞争对手、维护非法利益，“以黑护赌”，实施敲诈勒索、寻衅滋事、非法拘禁、故意伤害等违法犯罪活动，保障非法债权实现，攫取巨额经济利益，并通过豢养组织成员、租赁场所、摆平事端、提供治疗费用、安抚善后以及组织成员娱乐和挥霍等，“以赌养黑”，维持组织的运行、发展。

2013年10月至2021年5月，该组织以暴力、威胁或者其他手段，为非作恶，欺压、残害群众，有组织地实施了聚众斗殴、开设赌场、诈骗、敲诈勒索、寻衅滋事、非法拘禁、故意伤害、诬告陷害等51起违法犯罪，涉及两地10余个乡镇（社区），受害群众100余人，为非作恶，欺压、残害群众。

该组织通过实施大量违法犯罪活动，非法控制苏州市相城区黄埭镇、无锡市新吴区鸿山街道等城乡交界区域的高利放贷、赌博等非法行业，干扰他人正常生产、经营、生活，在当地造成恶劣影响。通过采取暴力手段，非法逼讨债务，称霸一方，对当地群众形成心理强制、威慑，致使多名合法利益受损的群众不敢通过正当途径举报、控告。如该地区被诈赌的农村居民张某仙等人被迫变卖 4 套拆迁安置房，偿还非法债务。该组织实施民事虚假诉讼、诬告陷害等违法犯罪，多次干扰破坏国家机关工作秩序，还通过拉拢、腐蚀国家工作人员，寻求庇护，逃避打击，坐大成势，严重破坏了政府公信力和司法公正。

本案由无锡市公安局新吴分局侦查终结，向无锡市新吴区人民检察院移送审查起诉。新吴区人民检察院于 2022 年 11 月 15 日，向新吴区人民法院提起公诉。2022 年 12 月 31 日，新吴区人民法院作出一审判决，以组织、领导黑社会性质组织罪、聚众斗殴罪、开设赌场罪、诈骗罪、敲诈勒索罪、寻衅滋事罪、非法拘禁罪、故意伤害罪、诬告陷害罪，数罪并罚，判处罗某明有期徒刑二十年，剥夺政治权利二年，并处没收个人全部财产；对其余被告人以其参与之罪分别判处有期徒刑十五年至一年六个月不等和相应的财产刑。宣判后，部分被告人上诉。2023 年 4 月 21 日，无锡市中级人民法院裁定驳回上诉，维持原判。

【检察机关履职过程】

（一）及时介入引导侦查，深挖彻查涉黑犯罪。2021 年 5 月，被告人罗某明等人在无锡市新吴区开设赌场时被无锡市公安局新吴分局抓获，并当场查获借条 60 张，涉及金额共计人民币 426 万余元。经初步研判，该团伙在无锡、苏州农村交界地区可能存在有组织实施非法放贷、暴力讨债等黑恶犯罪线索。新吴区人民检察院接到通报后，及时提前介入引导侦查，后与无锡市公安局新吴分局会商案情 4 次，引导公安机关全面检索涉案人员在苏州、无锡等周边地区警情并调取警情卷宗，发现相关警情 158 起，涉及被告人罗某明违法犯罪线索 70 起，其中，存在大量有组织采用殴打、跟踪、滋扰、泼粪、堵锁眼、非法侵入住宅等暴力、“软暴力”非法讨债的事实。被告人罗某明及 3 名骨干成员到案后均拒不交代，并通过事先订立的攻守同盟、设置“顶包人”等方式对抗侦查。为进一步深挖彻查该团伙犯罪事实，新吴区人民检察院提出书面补充侦查意见 90 余项。经引导公安机关全面取证，依法追加认定聚众斗殴 2 起、非法拘禁 3 起、故意伤害 1 起、寻衅滋事违法行为 14 起，追加 6 名涉黑成员。

（二）认真研判准确定性，准确认定以赌为业的黑社会性质组织。检察机关审查认为，被告人罗某明团伙为牟取不法经济利益而有组织地实施开设赌场犯罪活动，形成了“以黑护赌、以赌养黑”的黑社会性质组织。主要理由如下：一是该组织严密且欺压残害群众。该组织事先选定农村地区拆迁户、乡镇企业家等对象，再安排团伙骨干采用诱赌、诈赌等方式，使被害人欠下巨额非法债务，在讨债过程中，又采用暴力、恐吓、滋扰、出场摆势、围堵拦截、堵锁眼、泼粪等暴力、“软暴力”惯常行为手段，实施一系列违法犯罪活动，为非作恶，欺压、残害群众。二是该组织谋取强势地位，在当地造成恶劣影响。该组织为维护组织经济利益，在苏州相城、无锡新吴等农村交界区域，有组织地长期实施违法犯罪活动，为抢夺赌客资源与他人聚众斗殴、打压竞争对手，引发群众报警 158 起，另有多名群众不敢报案、放弃伤情鉴定或被迫同意调解结案，造成 3 家乡镇企业停产变卖，影响范围波及江苏省苏州市、无锡市多个街道社区，给被害人及其家庭正常生活带来严重影响，给部分被害企业的正常生产经营带来严重破坏。三是该组织严重破坏基层工作秩序和执法环境。该犯罪组织刻意逃避公安机关的管理、整治和打击，如该组织规定若被公安机关打击后必须由事先安排的“顶包人”扛下罪名，罗某明承诺会照顾其家人，并每年给予 10 万元补偿等。该组织领导者罗某明拉拢、腐蚀基层派出所民警等负有查禁职责的执法司法人员，寻求非法保护，致使该组织先后 3 次被立案侦查均无后续处理结果，逃脱惩处长达 9 年，严重损害基层执法司法机关公信力。

综上所述，该组织长期采用暴力、威胁及其他手段大肆实施违法犯罪活动，为非作恶、欺压群众，并聚敛非法财富支持组织发展，结合该组织违法犯罪次数、手段恶劣程度、时间跨度、犯罪对象，以及对群众工作、生活造成的恶劣影响等危害后果综合判断，符合黑社会性质组织的四个特征，应认定为黑社会性质组织。

（三）加强基层综合治理，助力基层平安建设。一是坚持打伞破网并重。检察机关在细致审查卷宗、走访调查、听取各方意见的基础上，强化线索研判，汇总疑似渎职线索 9 条，司法工作人员渎职线索 2 条，逐案形成“一线索一报告”“一线索一证据材料”，报江苏省人民检察院统一研判处置，由异地检察机关、监察机关立案 2 人。二是完善跨区域协作机制。针对办案中发现的苏州、无锡两地农村交界地带因地理位置隐蔽、边界监管薄弱，容易滋生违法犯罪等情况，开展类案调研、实地走访，查明苏州、无锡交界两地公安机关警情处置不规范、串并研判不及时、警务协作不畅等问题，依法向两地公安机关制发检察建议，推动双方签署联防联治合作协议，出台警情强制检索报告制度，完善两地警情互通、线索互移、协作配合等制度，助力两地建立跨区域联防联治长效机制。三是推动农村基层综合治理。针对农村基层组织在交界区域社会治理中的薄弱环节，检察机关对近年来苏州、无锡两地跨区域犯罪进行专题调研分析，依法向苏州、无锡相关农村基层政府机关分别制发检察建议，组织当地党委负责人、人大代表、网格员、村（居）委工作人员、群众代表等召开座谈会，推动两地开展交界区域专项整治，如针对农村地区赌博多发、村民防范意识薄弱等特点，开展联合专题普法，完善赌博惩防机制，防止拆迁居民、乡镇企业家成为赌场“杀猪盘”目标，提升农村地区群众安全感。

【典型意义】

（一）注重警情串并研判，引导侦查深挖跨区域地带涉黑犯罪线索。检察机关在办理黑恶犯罪惯常实施的聚众斗殴、开设赌场、寻衅滋事、非法拘禁等违法犯罪案件时，应注重提前介入并引导公安机关对涉案人员警情进行跨区域全面检索，排查违法犯罪线索和关联涉案人员。针对涉及多起警情未依法处置等情形反映出的执法司法问题，深挖黑社会性质组织背后的“保护伞”线索，并及时向有关主管机关移送或者依职权查办，共同推进线索核查，确保除恶务尽，铲除黑恶势力的滋生土壤。

（二）依法准确区分普通赌博犯罪集团和黑社会性质组织。普通赌博犯罪集团能否认定为黑社会性质组织，应结合赌博违法犯罪活动的规模、手段、后果、侵害对象的数量、范围、造成的社会影响等因素综合判断。对主观上虽为牟取非法经济利益，但客观上以暴力、威胁、“软暴力”等手段，大肆实施违法犯罪活动或者腐蚀国家公权力、寻求非法保护、包庇，“以黑护赌、以赌养黑”，为非作恶，欺压、残害群众，致使一定区域内群众陷入恐惧，企业无法正常生产经营，形成非法控制或者重大影响，严重破坏社会生活、经济秩序的，可以认定为黑社会性质组织犯罪。

（三）以案促治，助力农村地区扫黑除恶源头治理。检察机关在办理黑社会性质组织案件中，应当充分调研分析黑恶势力滋生的原因、规律，深入查找农村黑恶势力背后的基层社会治理漏洞，通过制发检察建议、建立联动工作机制等方式，协同发力，惩防并举、标本兼治，共同破解社会治理难题，促进提高农村基层组织社会治理能力和水平，切实提升人民群众的获得感、幸福感、安全感。

案例二　回某华等人组织、领导、参加黑社会性质组织案

【关键词】

黑社会性质组织　组织犯罪　法律监督　综合治理

【基本案情】

被告人回某华，男，38岁，务农。曾因犯强制猥亵妇女、故意伤害、敲诈勒索等犯罪，先后三次被判刑入狱。

被告人代某洋，男，38岁，务农。曾因犯强制猥亵妇女、窝藏等犯罪，先后两次被判刑入狱。

被告人王某，男，37岁，务农。曾因犯聚众斗殴、故意伤害罪被判刑入狱。

其他16名涉案人员基本情况略。

被告人回某华刑满释放后，自2013年10月起，在河北省沧州市沧县杜林乡一带拉帮结派，纠集同村“发小”被告人代某洋、王某等人通过开设赌场、高利放贷牟取非法利益。后又陆续吸收沧县周边乡村多名刑满释放人员、社会闲杂人员及未成年人加入，在近五年的时间内，有组织地实施故意伤害、抢劫、聚众斗殴、寻衅滋事、开设赌场等违法犯罪活动，逐渐形成以回某华为组织者、领导者，代某洋、王某为骨干成员，曹某强、张某、曹某贺等5人为积极参加者，杨某、李某、闫某才等11人为一般参加者的黑社会性质组织。

该黑社会性质组织人数较多，层级分明，组织者、领导者明确，骨干成员固定，用约定俗成的惯例和行动规约来管控组织成员。该组织成

立后，通过开设赌场、高利放贷、敲诈勒索等违法犯罪活动攫取非法利益 300 万余元，后通过投资入股、建楼出租、出售股权、收取好处费等方式多渠道聚敛钱财 150 万余元，积累经济实力；通过给组织成员提供食宿、发放工资、出资平事、给出入狱人员接风洗尘、安抚善后、安排组织成员参与承揽建设工程等手段笼络人心、强化控制，用以维系组织的运行发展壮大。

被告人回某华等人为牟取经济利益，有组织的以暴力、威胁、滋扰等手段，在沧县及沧州市区一带实施开设赌场、催收非法债务、聚众斗殴、寻衅滋事、故意伤害、抢劫、敲诈勒索、非法买卖枪支等 34 起违法犯罪活动，为非作恶，欺压、残害群众，造成 1 人重伤，5 人轻伤，1 人轻微伤；2 个家庭的房屋被迫变卖，1 名被害人被迫辞去政府工作远走他乡，多名群众或遭受侵害后不敢报警，或迫于该组织的威逼被迫接受调解，多名被害人有家不敢回，在区域内形成重大影响，严重破坏当地经济、社会生活秩序。

本案由沧州市献县公安局侦查终结，向献县人民检察院移送审查起诉。献县人民检察院于 2023 年 10 月 29 日，向献县人民法院提起公诉。2023 年 11 月 30 日，献县人民法院作出一审判决，以组织、领导黑社会性质组织罪、开设赌场罪、寻衅滋事罪、聚众斗殴罪、抢劫罪等罪名，数罪并罚，判处组织者、领导者回某华有期徒刑十九年零六个月，剥夺政治权利三年，并处没收个人全部财产。其他被告人分别被判处十七年零九个月至七个月不等有期徒刑，并处相应财产刑。一审宣判后，回某华等 4 名被告人提出上诉。2024 年 1 月 26 日，沧州市中级人民法院裁定驳回上诉，维持原判。

【检察机关履职过程】

（一）强化介入侦查引导取证，夯实指控犯罪的证据基础。自该案主要犯罪嫌疑人到案并被采取强制措施后，献县人民检察院即派员提前介入侦查熟悉案情，提出针对性引导取证意见，侦诉合力构建以证据为中心的指控体系。重点围绕黑社会性质组织的四个特征开展提前介入工作：一是确定回某华等人有组织犯罪的人员规模、层级架构、有无组织纪律或约定俗成的帮规规约，明确组织成员的作用、地位，尤其是积极参加者及骨干成员有哪些，收集并固定骨干成员直接听命组织者，多次指挥或参加有组织违法犯罪以及在组织中起重要作用的证据，以确定该组织的稳定性、严密性程度。二是查明该犯罪组织的经济实力。通过调取银行转账记录、账目明细、询问当事人、查询财产、进行财务审计等方式，查明由回某华犯罪组织获取掌控的经济利益，并查明用以支持组织成员违法犯罪活动以及维系组织生存发展、豢养成员的支出金额，以确定该组织是否具备一定的经济实力并将部分资金用于维护组织稳定、壮大组织势力。三是查明回某华及部分成员实施的犯罪是否为组织利益实施。回某华及组织成员实施的犯罪共计 34 起，涉及抢劫、故意伤害、寻衅滋事、聚众斗殴等严重暴力犯罪，足以体现暴力或以暴力相威胁的黑社会性质组织行为特征。但个别犯罪是否为组织利益实施，关系到组织犯罪的认定，检察机关引导侦查机关在查明犯罪事实的基础上，围绕能否认定组织犯罪收集、补强证据。四是查明该组织是否在一定区域内形成非法控制或重大影响。引导侦查机关从回某华与多名组织成员系同村“发小”的关系、在沧县一带长期盘踞、聚敛钱财数额巨大、犯罪后果严重，且多起案件被“消化”处理等多方面综合收集调取证据，以查明该组织在一定区域内对社会秩序和群众生产生活造成的危害后果。

（二）准确区分个人犯罪和组织犯罪。本案争议焦点之一是组织骨干成员王某、积极参加者张某、曹某等人持回某华的双管猎枪抢劫他人棋牌室赌资数万元的行为是否应当认定为黑社会性质组织犯罪。回某华及其辩护律师提出该起犯罪系王某等人个人犯罪而非组织犯罪的辩护意见。检察机关经审查认为，该起事实应认定为组织犯罪。一是王某等4名参与人员均系回某华组织中的重要成员，接受回某华的领导和管理，与其关系密切，且在实施犯罪中使用了曹某为回某华保管的枪支。二是尽管回某华事前不明知、未亲自参与抢劫，但被害方被抢劫过程中已明确知道他们是回某华的小弟，事后直接找到回某华交涉，说明这起犯罪的影响直接辐射到回某华本人及其犯罪组织，对扩大组织势力和影响力有一定作用。三是事后回某华出面与棋牌室老板调处此事，避免其手下受到报复或者追究，也未就王某等人私自持枪抢劫赌场一事对4人进行惩罚或惩戒，未在组织成员内部进行教育或明确禁止，表明回某华对该行为有一定的默许或认可。因此将该案认定为组织犯罪起诉，并被判决认定。

（三）加强法律监督，确保打准打深打透。该组织成员众多，部分案件案发时未得到及时处理，存在应当立案而未立案或遗漏犯罪嫌疑人的情形。检察机关充分发挥法律监督职能，引导公安机关补强证据，及时监督以寻衅滋事罪立案，查明案件事实及参与人员的作用。此外，通过诉前引导，督促公安机关对涉及该组织的多起案件线索深挖细查、串并分析，避免出现漏罪漏犯。全案共计监督立案2件，纠正漏捕3人，纠正漏诉3人，追诉漏罪1件，移送洗钱犯罪线索1件，移送其他犯罪线索5人次，纠正公安机关侦查活动违法4件，提请上级院适用审判监督程序对已生效错误判决抗诉2件。

（四）促进综合治理，完善黑恶犯罪预防体系。检察机关审查发现，该案回某华犯罪组织的19人中，除未成年人之外，有犯罪前科的10人，占比53%，暴露出刑满释放人员再犯罪情况严峻、严重破坏当地的社会生活秩序的突出问题。为进一步做好刑满释放人员安置帮教工作，有效遏制再犯罪的高发态势，献县人民检察院在征得案发地检察机关同意后，向沧县司法局制发检察建议，建议针对刑满释放人员，首先，要“一人一档”进行建档分类，做到衔接到位，底数清楚；其次，健全安置帮教工作小组，引导刑满释放人员遵纪守法；另外，联合各单位对刑满释放人员进行定向帮扶，多部门共同发力齐抓共管，有效预防刑满释放人员重新违法犯罪。该建议得到沧县司法局党委的高度重视，对建议内容进行专题研究，并全部采纳建议事项，有效推动完善当地涉黑涉恶犯罪预防体系建设。

【典型意义】

（一）坚持准确认定组织犯罪。正确区分个人犯罪与组织犯罪，关系到黑社会性质组织行为特征的认定，有助于从行为特征和危害性特征两个方面把握黑社会性质组织的构成条件，对黑社会性质组织的认定和组织领导者的罪责认定有至关重要的影响。检察机关在审查起诉中，应当注意发挥诉前引导侦查、补充侦查作用，通过组织召开联席会议、出具引导侦查提纲等方式，督促公安机关围绕组织犯罪进一步夯实证据基础，尤其对并非组织领导者亲自参与或指挥实施的犯罪行为，引导公安机关从犯罪是为组织利益还是个人利益实施、犯罪附带后果是否扩大组织的影响力和势力、是否得到组织领导者事后认可或默许、是否符合组织规约等方面收集完善证据，从而确保个人犯罪与组织犯罪界限清晰，涉案人员罚当其罪。

（二）坚持法律监督贯穿始终。涉黑案件办理过程中，检察机关应当以高质效办案为基本追求，坚持在办案中监督、在监督中办案，一方面，加强对刑事立案、侦查活动的监督，全面审查和综合运用证据，梳理多人犯罪中涉案人员的具体行为及作用地位，依法开展立案监督、追捕追诉工作，避免出现“漏网之鱼”。同时，通过对侦查活动中违法或不当行为的监督纠正，督促公安机关依法履职，以程序公正促进实体公正，加强人权司法保障，确保诉讼活动顺利进行。另一方面，延伸审判监督视野，对已判案件或已执行完毕的生效案件中存在错误问题，应通过提出抗诉、制发再审检察建议、提请上级检察机关适用审判监督程序抗诉等方式监督纠正，确保准确追诉涉黑犯罪。

案例三　黄某华等人恶势力犯罪集团，黄某革等人恶势力犯罪集团案

【关键词】

恶势力犯罪集团　宗族恶势力　集团整体性认定

【基本案情】

被告人黄某华，男，60岁，曾任广西壮族自治区永福县黄氏宗亲会会长。

被告人黄某革，男，56岁，曾任广西壮族自治区永福县黄氏宗亲会副会长、会长。

被告人黄某崇（黄某华儿子）、被告人黄某飞（黄某华侄子）等其他25名涉案人员基本情况略。

20世纪90年代，被告人黄某华在广西壮族自治区永福县县城开设“药浴店”，暗地组织他人卖淫，网罗社会闲散人员为其效力，逐渐形成恶名。2004年以来，黄某华纠集人员以暴力、威胁等手段对参与土地竞标的老板、征地拆迁对象等实施寻衅滋事、聚众斗殴及敲诈勒索等违法犯罪行为，逐步形成以黄某华为首要分子，黄某崇、黄某飞等人为重要成员的恶势力犯罪集团。为进一步聚敛钱财、扩大非法影响，黄某华犯罪集团于2012年成立永福县黄氏宗亲会并自任会长，各乡镇成立

分会，以黄氏宗亲会在永福县盛丰大酒店的办公场所为据点，利用宗族势力为非作恶。

在此期间，永福县三皇乡及周边逐步形成了另一股恶势力。2003年被告人黄某革在三皇乡经营饭店，承揽政府工程。为维护非法利益，自2006年起，黄某革网罗多名社会闲散人员实施违法犯罪行为，逐步形成以黄某革为首要分子，黄某思、黄某维等黄氏宗亲人员为重要成员的恶势力犯罪集团。该组织开设赌场、垄断果筐交易，有组织地实施强迫交易、敲诈勒索、寻衅滋事、聚众斗殴、故意伤害、容留吸毒等违法犯罪活动。为开设赌场，该组织先后向两任派出所所长行贿，赌场从未被公安机关查处。

2013年至2016年，黄某华与黄某革两股势力依托永福县黄氏宗亲会平台，进行“恶恶合作”，相互纠集参与违法犯罪活动。其间，黄某华任会长，黄某革任常务副会长，两个犯罪集团煽动黄氏宗亲会中不明真相的人员，假借维护宗亲会人员利益之名多次组织数十人甚至上百人到广福乡、永安乡、百寿镇等乡镇实施寻衅滋事等违法犯罪活动。事后，黄氏宗亲会还通过筹款赔付被害人、安排他人“顶包”等方式进行“善后”。

其间，为聚敛钱财，两股恶势力利用黄氏宗亲会的影响力，由黄某华、黄某革与黄某飞合伙出资，非法吸收存款从事高利放贷活动。2016年，因利益纠纷，两个犯罪集团结算散伙。后黄某华又先后与其儿子黄某崇、外甥兰某辉及秦某飞等人纠集，继续从事非法高利放贷，以暴力、威胁等手段多次实施催收非法债务、敲诈勒索等违法犯罪活动。黄某革则纠集黄某维、黄某思等人，继续实施强迫交易、容留吸毒等违法犯罪行为。

至案发，黄某华犯罪集团有组织地实施了聚众斗殴1起、寻衅滋事4起、催收非法债务5起、敲诈勒索3起、违法事实5起等违法犯罪事实；黄某革犯罪集团有组织地实施了催收非法债务1起、寻衅滋事2起、聚众斗殴1起、开设赌场1起、强迫交易3起、故意伤害1起、容留吸毒1起、违法事实5起等违法犯罪事实，造成1人重伤、1人轻伤，强迫交易金额约352万元。其中，黄某华、黄某革犯罪集团共同组织实施了寻衅滋事、催收非法债务等违法犯罪事实6起。

本案由永福县公安局侦查终结，经指定管辖，向阳朔县人民检察院移送审查起诉。阳朔县人民检察院于2021年5月13日分别以被告人黄某华等人犯聚众斗殴罪、寻衅滋事罪、催收非法债务罪、敲诈勒索罪、组织卖淫罪，构成恶势力犯罪集团；以被告人黄某革等人犯寻衅滋事罪、催收非法债务罪、开设赌场罪、强迫交易罪、容留他人吸毒罪、聚众斗殴罪、故意伤害罪，构成恶势力犯罪集团，向阳朔县人民法院提起公诉。2021年10月29日，阳朔县人民法院作出一审判决，认定黄某华等人构成恶势力犯罪集团，以聚众斗殴罪、寻衅滋事罪等犯罪，数罪并罚，判处黄某华有期徒刑十九年六个月，并处罚金人民币三百六十一万元，对其余被告人分别判处四年六个月至一年五个月不等有期徒刑，并处相应的财产刑；认定黄某革等人构成恶势力犯罪集团，以犯寻衅滋事罪等犯罪，数罪并罚，判处黄某革有期徒刑十九年，并处罚金人民币一百四十六万元，对其余被告人分别判处十九年至十个月不等有期徒刑，并处相应的财产刑。宣判后，被告人黄某华、黄某革等人提出上诉。二审桂林市中级人民法院裁定驳回上诉，维持原判。

【检察机关履职过程】

（一）依法认定宗族恶势力犯罪集团。本案争议焦点之一是黄某华、黄某革各自组织的犯罪团伙是否都能认定为恶势力犯罪集团。经审查，一是组织特征方面，两个犯罪团伙均有三名以上的组织成员，利用血缘、宗族、地缘等关系纠集在一起，人数较多，为共同实施犯罪而组成较为固定的犯罪组织，且分别以黄某华、黄某革为首要分子，重要成员以黄氏宗亲人员为主且较为固定。二是行为特征方面，两个犯罪组织长期纠集黄氏宗亲等成员以暴力、威胁等手段多次实施寻衅滋事、聚众斗殴、开设赌场、强迫交易等恶势力惯常实施的犯罪活动。为树立非法权威、扩大非法影响，多次打着黄氏宗亲会的旗号，聚众随意殴打他人、拦截上访群众、威胁村民，并从事非法高利放贷、催收非法债务、敲诈勒索等违法犯罪活动，以牟取非法利益。三是危害性特征方面，两个犯罪组织依托黄氏宗亲会合力实施违法犯罪活动，插手民间纠纷，合伙高利放贷并采取暴力、威胁及"软暴力"手段催债，为非作恶、欺压百姓，扰乱经济秩序、社会生活秩序。综上所述，检察机关认为，两个犯罪组织的组织成员较多，有明显的首要分子，重要成员固定，为牟取非法利益，长期、经常纠集在一起多次实施违法犯罪活动，造成较为恶劣的社会影响，但由于黄某华犯罪组织对成员的控制性、约束性较弱，犯罪组织不够稳定，黄某革犯罪组织成员对组织的人身、财产依附性不强且暴力性不够明显，两个组织的社会危害尚未达到非法控制或者重大影响的程度，故两个组织尚未达到黑社会性质组织的认定标准，应当依法认定为恶势力犯罪集团。

（二）准确甄别"恶恶合作"组织形式。本案中，黄某华、黄某革两个团伙是属于一个恶势力犯罪集团还是属于两个相互独立恶势力犯罪集团是一个重要的争议焦点。经审查，黄某华、黄某革两个犯罪组织在2013 年至 2016 年以永福县黄氏宗亲会名义插手民间纠纷，共同组织实施了寻衅滋事等违法犯罪事实 4 起；共同成立地下放贷公司，共同组织实施了催收非法债务等违法犯罪事实 2 起。经审查，检察机关认为，黄某华、黄某革在合作期间不具有整体的组织性，未形成统一的组织意志，认定为两个独立的犯罪组织更为妥当。一是不具有整体的组织性。黄某华和黄某革分别对各自的组织成员进行控制和管理，两伙人相互交叉但互不隶属，黄某革及其手下无须接受黄某华领导。如黄某华向徐某骞催收非法债务过程中，黄某华让黄某革安排人员有偿看守徐某骞，黄某革指使他人对徐某骞贴身跟随，后黄某革打电话向黄某华催要报酬；后期黄某革安排看守的人员与徐国骞熟络后，为了控制徐某骞，不惜与黄某华安排的人员发生冲突，自行将徐某骞带离，说明两股人员非一个团伙。二是未形成统一的组织意志和利益。黄某华、黄某革共同利用黄氏宗亲会实施的行为是基于各自组织利益，即为了扩大各自非法影响以此获得更多的非法利益。如在合伙经营地下放贷公司过程中，名义上黄某华主导，由黄某华提出合伙建议，租用黄某华经营的酒店作为办公场地，放贷公司的财务、会计均由黄某华控制，使用的账户是由黄某华家人提供，但黄某华、黄某革、黄某飞三人对各自吸收的存款和放出的贷款及非法收益负责，后三人因账目不清、分赃不均等原因散伙。

【典型意义】

（一）依法惩治农村宗族黑恶势力，维护农村地区社会政治稳定。对网罗刑满释放人员、社会闲散人员，经常纠集在一起，依托宗族势力，多次实施寻衅滋事、聚众斗殴、非法催债等违法犯罪行为，横行乡里、欺压百姓，扰乱危害农村经济社会秩序，尚未达到在一定区域或行业内形成非法控制或者造成重大影响的，符合条件的可以认定为恶势力犯罪集团，依法予以惩治。

（二）准确认定犯罪组织之间的关系。不同恶势力犯罪组织在一段时间或某个领域可能存在“恶恶合作”，是否作为一个犯罪组织评价，关键在于该合作是否具有整体的组织性。若能体现新组织的组织意志和利益，对社会危害具有持续性，则可认定为恶势力犯罪组织之间的合并，否则应评价为相互独立的犯罪组织。

案例四　王某桓等人组织、领导、参加黑社会性质组织案

【关键词】

黑社会性质组织　行业非法控制　强迫交易　综合治理

【基本案情】

被告人王某桓，男，38 岁，四川中鸿利再生资源科技有限公司（以下简称中鸿利公司）股东。曾因寻衅滋事被劳教三年。

被告人王甲，男，44 岁，中鸿利公司股东。有诈骗罪前科。

被告人徐某，男，45 岁，中鸿利公司股东。

其他 13 名涉案人员基本情况略。

2014 年开始，被告人王某桓先后结识彭某峰、赵某等社会闲散人员或刑满释放人员，先后涉足赌场、KTV、宾馆等行业，逐步增强经济实力，形成一定社会恶名。其间，王某桓以其经营的“首座 KTV”为据点，经常纠集上述人员，通过提供毒品（K 粉）吸食、免费吃喝玩乐等手段笼络人心，初步形成以王某桓为首的违法犯罪团伙。2015 年 12 月，王某桓纠集彭某峰等 6 名人员，当街持刀围砍被害人徐某军，在四川省泸州市合江县城区树立非法权威。后通过实施一系列违法犯罪活动，逐渐形成以王某桓为组织者、领导者，下有骨干成员 2 人、积极参加者 3 人、一般参加者 10 人的较为稳定的黑社会性质组织。该组织形成了组织成员必须服从安排指挥，无条件为组织站台、扎场；为了组织利益要敢打敢拼，出现后果由组织出面摆平、安抚善后；可以吸食 K 粉，但不得吸食麻古丸和冰毒等纪律规约。

该组织内部分工明确，充分体现“以黑护商”“以商养黑”的特

征。王某桓根据各组织成员性格特点，组建“纠察组”、赌场、废纸回收三个小组，各组相互支持，互为倚靠。一是安排凶狠好斗的彭某峰等人组建“纠察组”，负责巡查组织经营的各“生意”网点，通过斗殴、伤害等暴力手段，以及滋扰、威胁等“软暴力”手段，维护组织利益，快速累积组织恶名。二是安排熟悉赌场业务的王乙（另案处理）负责经营赌场，先后在合江县城区、先市镇等地开设赌场8处，牟取非法利益160万余元。三是接纳前来投靠的王甲、徐某，成立以废纸回收为经营业务的中鸿利公司，利用组织恶名，通过违法犯罪活动逐步垄断合江县城区废纸回收行业。经审计，该组织涉及废纸回收行业强迫交易金额为672万余元，非法获利169万余元。该组织先后实施了故意伤害、聚众斗殴、寻衅滋事、开设赌场、强迫交易、容留他人吸毒等20余起违法犯罪，造成2人重伤、2人轻伤、2人轻微伤等严重后果，攫取非法利益330万余元。该组织通过实施上述违法犯罪活动，称霸一方，在合江县城区及周边已经形成非法控制并造成重大影响，严重破坏当地经济、社会生活秩序。

本案由泸州市合江县公安局侦查终结，向合江县人民检察院移送审查起诉。合江县人民检察院于2021年9月24日向合江县人民法院提起公诉。2022年9月26日，合江县人民法院作出一审判决，以组织、领导、参加黑社会性质组织罪、聚众斗殴罪、故意伤害罪、开设赌场罪、强迫交易罪等罪名，数罪并罚判处组织者、领导者王某桓和2名骨干成员二十五年至十年不等有期徒刑，剥夺政治权利，并处没收个人全部财产；其他积极参加者、一般参加者分别被判处十年至一年六个月不等有期徒刑，并处相应财产刑。判决后王某桓等人提出上诉，2023年4月18日，泸州市中级人民法院裁定驳回上诉，维持原判。

【检察机关履职过程】

王某桓犯罪组织活动领域涉及赌场、娱乐场所和废纸回收行业等，实施的犯罪涵盖故意伤害、聚众斗殴、寻衅滋事、开设赌场、强迫交易、容留他人吸毒 6 类罪名 20 多起事实，通过故意伤害、聚众斗殴、开设赌场等犯罪在当地形成重大影响，同时对当地废纸回收行业形成了非法控制，其中，该犯罪组织对废纸回收行业的垄断成为本案论证的重点。

（一）依法准确认定本案的危害性特征。根据 2018 年《最高人民法院、最高人民检察院、公安部、司法部关于办理黑恶势力犯罪案件若干问题的指导意见》，对行业的生产、经营形成垄断或对一定行业的准入、经营、竞争等经济活动形成重要影响的，可认定为“在一定区域或者行业内，形成非法控制或者重大影响，严重破坏经济、社会生活秩序”。检察机关审查认为，2017 年 6 月至 2018 年 7 月，该组织通过三种手段“非法控制”合江县城区废纸回收行业：一是指定交易渠道。该组织依靠王某桓等人在合江城区的势力和恶名，强制废纸回收从业者按照其指定的渠道进行流通和交易。散户或拾荒者只能向合江县城区的 38 家回收站售卖废纸；回收站的废纸只能向合江县城区内 3 家打包厂（负责运用机器将废纸进行打包压缩，符合收购标准）出售；打包厂只能通过中鸿利公司将废纸出售给四川某纸业公司。最初 3 家打包厂老板不同意，经王某桓等人反复上门纠缠，后相互打听得知王某桓是当地的“社会大哥”，只能无奈答应。二是强制决定交易价格。该组织对合江县城区的废纸回收站、打包厂逐家上门“打招呼”，要求回收店、打包厂压低收购价，按其定价统一经营。迫使回收站只能以 0. 4 元/斤的价格向散户、拾荒者收购废纸，然后以 0. 5 元/斤的价格向打包厂出售，而合江县周边地区同期废纸收购市场价在 0. 7 元/斤至 1. 5 元/斤区间波动。打包厂以中鸿利公司名义将废纸出售给四川某纸业公司，中鸿利公司收到货款后，仅支付打包厂垫付的本金和 200 元/吨固定利润，而更多的利润均被中鸿利公司获取。三是违法控制交易秩序和地域范围。由

"纠察组"专门负责对合江县城区各废纸回收站、打包厂开展日常巡查、控制。凡是有外地车辆到合江县城区收购废纸或有本地商户将废纸运往外地销售的，及时向王某桓报告。王某桓安排组织成员采取殴打、言语威胁、逼停车辆等方式予以排挤，共计查实实施 7 起寻衅滋事违法犯罪行为。经审计，王某桓等人非法控制当地废纸回收行业期间，获取利润差价达 169 万余元。该组织通过上述违法犯罪手段，对废纸回收行业形成非法控制，榨取了原本属于拾荒者、散户、回收站等社会弱势群体的微薄收益，严重挤压相关群体生存空间、正常生活来源，严重损害行业经营环境，严重破坏当地经济、社会生活秩序，符合认定黑社会性质组织的危害性特征。

（二）严格审查，准确认定强迫交易罪。一是该组织实施的"软暴力"属于强迫交易罪中的"威胁"手段。2017 年 6 月至 2018 年 7 月，王某桓等人采用"反复上门纠缠""滋扰施压"等手段，不断对合江县城区的三家打包厂、回收站施压，且"软暴力"有随时向"硬暴力"转变的可能，长期滋扰、上门纠缠的方式使整个合江县城区废纸回收从业人员均感受到巨大的精神压力和心理强制，被迫同意该组织确定的废纸收购价，因此，应当认定王某桓等采用了"威胁"的手段。二是本案属于"强买强卖商品"的情形。本案涉及的废纸是商品，王某桓组织通过前述方式，致使废纸回收行业被迫按照该组织定价收购、出售商品，通过控制废纸流通各环节的价格，从中攫取巨额经济利益。通过调取纸业公司、各打包厂与组织成员徐某的银行卡交易记录、微信转款记录，结合司法审计报告，认定四川某纸业公司与该组织的交易金额应为强迫交易数额，共计 672 万余元；强迫交易数额高出该组织和打包厂的正常交易金额的差价应认定为非法获利数额，共计 169 万余元。三是本案属于强迫交易罪"情节特别严重"的情形。合江县人民检察院审查认为，是否认定"情节特别严重"应当重点结合强迫交易次数、交易金额、违法所得数额、行为手段、持续时间，综合判断对市场流通秩序的破坏程度，按照罪责刑相适应原则准确评价。本案中，该组织在一年多的时间内，非法控制合江县城区废纸回收市场，涉及几十家经营户，强迫交易数额达 672 万余元，超过“情节严重”立案标准 600 倍；违法所得数额达 169 万余元，超过“情节严重”标准 800 倍，严重破坏废纸回收行业的正常经营秩序，社会影响恶劣。综上所述，王某桓等人的行为构成强迫交易罪，且属“情节特别严重”。

（三）依法履职制发检察建议，推动“以案促改”长效常治。合江县人民检察院针对案件中暴露出主管部门对废纸回收行业存在执法监管不到位、价格监督存在漏洞、查处不正当竞争不及时等问题，向县市场监督管理局制发检察建议。之后，主管部门制发实施《合江县市场流通领域乱象整治方案》。一是严把准入关口，加大执法检查力度，建立从“散户—回收站—打包厂—纸业公司”全链条价格监督检查机制。二是畅通举报渠道，在市场、重点区域设立投诉举报箱，宣传 12315 投诉举报热线，收集“涉黑涉恶”线索。三是实质运行“行刑衔接”机制，健全与公安、检察等机关的信息通报机制，保持高压态势，形成协同共治格局。四是构建“扫黑除恶”立体宣传网络，通过与“铁拳行动”相结合宣传。检察机关还邀请人大代表、政协委员、人民监督员采取座谈交流、实地走访等方式跟踪问效，目前合江县废纸回收行业全面整改，恢复正常生产、经营秩序。

【典型意义】

（一）依法认定罪责，确保“打准打实”。对涉市场流通领域中的黑恶犯罪，检察机关要注重引导侦查机关收集、固定黑恶犯罪对行业所造成危害的相关证据，以充分证明黑恶犯罪对行业的控制程度，对从业人员合法权益的侵害程度，对市场经济秩序的破坏程度，准确认定

"非法控制"。同时，在现行法律对强迫交易"情节特别严重"未作明确规定的前提下，检察机关要重点结合强迫交易次数、交易金额、违法所得数额、行为手段、持续时间、行业影响等要素进行审查，综合判断对市场秩序的破坏程度，按照罪责刑相适应原则准确评价。

（二）协同发力综合治理，在监督办案中做实检察为民。废纸回收行业吸纳了大量低收入、弱劳动力的"拾荒者"，黑恶势力的非法控制严重破坏行业秩序，严重损害从业者利益和积极性。检察机关要始终聚焦人民群众"急难愁盼"，在打击犯罪同时以案促治，找准社会治理漏洞与监管薄弱环节，向行业主管部门制发堵漏建制检察建议，协同履职推进综合治理，促进行业恢复生产、经营秩序，提振经济发展信心，做实让人民群众可感受、可体验、得实惠的检察为民。

案例五　魏某参加黑社会性质组织案

【关键词】

黑社会性质组织犯罪　骨干成员　违法所得追缴　高度可能证明标准　证明标准溯及力

【基本案情】

被告人魏某，男，64岁，江西省九江市某机关原副处级干部。

20世纪90年代末至2020年，以严某华（另案处理）为组织、领导者的黑社会性质组织，其固定的骨干成员有魏某等10余人，积极参加者20余人，一般参加者70余人，层级清楚、分工明确、有帮规戒约。该黑社会性质组织以经济利益为纽带，对外以"大盘子公司"等多家公司名义从事经营活动，以暴力手段非法垄断了当地采砂及装运、过驳业务（砂石装卸），并逐步将势力延伸至当地的建筑、房地产、采矿、典当等行业，严重破坏了当地的经济、社会生活秩序。其间该组织实施了非法采矿、强迫交易、敲诈勒索、非法拘禁等违法犯罪活动，至 2020 年案发时，该黑社会性质组织非法获利人民币近百亿元。

2002 年，时任九江市某机关干部的魏某主动加入该黑社会性质组织，并直接听命于严某华，积极参与了组织发展方向等重要事项的决策，监督管理重要经营行为和经济来源。2002 年 3 月，魏某参加了该组织在湖北省黄梅县召开的会议。会议决定整合该组织的过驳业务，确立了包括魏某在内的骨干成员过驳业务的股份分配比例，明确了魏某对该组织过驳业务的财务进行管理。之后，魏某和该组织其他骨干成员通过该组织控制的经济实体对过驳业务进行经营管理，为该组织攫取了巨额财富。魏某还参与该组织聚敛财富的管理和支配，用于维系该组织内外部联系、发展壮大以及实施违法犯罪活动。

魏某参加该黑社会性质组织期间，利用其国家工作人员身份，代表该组织拉拢、腐蚀其他国家工作人员，进行利益输送，为该组织充当“保护伞”；多次出面为该组织成员“说情抹案”，帮助逃避法律制裁。2002 年 4 月，该组织的组织者、领导者严某华因开设赌场、暴力控制采砂业务等犯罪行为，被九江市公安局浔阳区分局逮捕羁押。魏某向时任九江市公安局局长叶某兵（另案处理）积极请托，后叶某兵直接指示对严某华变更强制措施为取保候审，最终该案未移送审查起诉。2004 年 1 月，该黑社会性质组织成员受该组织安排，当街持刀砍伤与该组织有纠纷的企业家，经魏某再次请托叶某兵，公安机关未对幕后指使者严某华等人进行追究，使其逃避了打击。2004 年上半年，魏某向时任九江市公安局水上分局局长鲍某信（另案处理）请托，让其对该组织的非法采砂、非法过驳业务予以关照，并放纵、包庇该组织非法成立的“地下执法队”，致使该组织的相关违法犯罪行为一直未被查处。2007

年 8 月，该组织两名成员因涉嫌非法拘禁罪被九江市公安局水上分局刑事拘留，魏某向叶某兵、鲍某信请托，致使该两名组织成员被取保候审，案件未移送审查起诉。2009 年 3 月，该组织一成员因涉嫌赌博罪被立案并网上追逃，魏某向叶某兵请托，致使网上追逃被撤销。

魏某还直接参与了该黑社会性质组织实施的违法活动。2007 年，魏某等人代表该组织在竞拍一房地产项目地块时，指使该组织成员采取砸车等方式威胁其他参加竞拍人员，强迫其退出竞拍。魏某自 2002 年参加该黑社会性质组织后，个人攫取了巨额非法利益。魏某通过其在该组织占有的过驳业务 10%股份，分红非法获利人民币 6000 万余元。同时，魏某还通过该黑社会性质组织违法犯罪手段，投资房地产开发项目获取房产 12 套，投资公司经营非法获利 1000 万余元。该案侦查期间，侦查机关查封、扣押了魏某实际持有的房产 12 套，魏某儿子名下房产 7 套，特定关系人、特定关系人女儿名下房产共 6 套，以及其前妻名下的房产 1 套，现金及存款人民币 1300 万余元，另冻结、扣押其持有的相关公司股份等财产及财产性权益。魏某归案后，如实供述了自己的罪行，并自愿认罪认罚。在侦办叶某兵等系列重大“保护伞”的过程中，魏某积极配合，有立功表现。

本案由南昌市公安局侦查终结，经指定管辖，由西湖区人民检察院审查起诉。2022 年 1 月 11 日，西湖区人民检察院向西湖区人民法院提起公诉。2022 年 9 月 5 日，西湖区人民法院作出一审判决，以被告人魏某犯参加黑社会性质组织罪，判处有期徒刑四年四个月，并处没收个人全部财产。对被告人魏某的违法所得人民币六千万元及其孳息、收益予以没收，未查扣的依法继续追缴或者没收其等值财产。

【检察机关履职过程】

（一）准确认定黑社会性质组织成员地位、作用。在审查起诉和法院庭审期间，辩护人认为，魏某系该黑社会性质组织积极参加者，而非骨干成员。其主要理由是魏某在黑社会性质组织中没有管理任何人员，也不隶属任何人员；没有参与组织实施暴力犯罪活动；未实际管理采砂、过驳等重要行业；未在组织中起重要作用。江西省南昌市西湖区人民检察院运用证据证明魏某不仅是该黑社会性质组织积极参加者，而且是积极参加者中层级高、长时间在组织中起重要作用的人员，应认定为该组织的骨干成员：一是魏某加入该黑社会性质组织早，层级高，直接听命于该组织的组织者、领导者严某华。2001 年底以严某华为首的黑社会性质组织初步形成，魏某在 2002 年初便加入该组织，并且获得该组织采砂业务股份，在该组织内部魏某直接听命于严某华。该组织多名成员一致指认上述事实，与魏某供述相互印证，足以认定。二是魏某深度参与黑社会性质组织的决策、管理。魏某加入该组织后，积极参与涉及该组织重要事项决策的所谓“小池会议”等犯罪策划活动，监督管理过驳业务的财务收支等重要事项，助长了组织的发展壮大和成员稳定，在组织中起重要作用。三是魏某在黑社会性质组织中的作用突出。魏某接受该组织的安排，利用公职人员的身份及在当地的影响力，拉拢、腐蚀国家干部，排挤竞争对手，攫取非法经济利益，长期为组织成员的违法犯罪行为“说情抹案”，协调关系，帮助严某华及其他组织成员在实施违法犯罪行为后逃避法律制裁。该黑社会性质组织在当地得以逐步确立强势地位、形成非法控制，且长时间未受到相关职能部门打击、查处，魏某起了至关重要的作用。综上认为，魏某属于长时间在犯罪组织中起重要作用的犯罪分子，是该黑社会性质组织的骨干成员。

（二）准确甄别黑社会性质组织涉案财产范围。对于查封的涉案财产，辩护人提出，魏某儿子、特定关系人名下的 14 套房产、现金与存款等财产无法准确认定其来源于魏某的违法犯罪活动。针对这部分财产，检察机关一是依法进行涉案财产甄别，对他人合法财产依法发还权利人。在查封的房产中，有 2 套属于魏某特定关系人（另案处理）的个人房产，有 1 套属于魏某前妻的房产。经查，其特定关系人从 2010 年之后与魏某共同生活，其在 2010 年以前购买的 2 套房产与魏某的违法犯罪活动无关，属于特定关系人的个人合法财产，江西省南昌市西湖区人民检察院在侦查阶段，建议公安机关予以解封、发还。魏某与其前妻于 1991 年离婚，且其前妻名下的房产是她 2003 年独自购得的房改房，与魏某的违法犯罪活动无关，在该案起诉后，江西省南昌市西湖区人民检察院建议依法发还权利人，获得法院支持。二是揭开第三人代持的“面纱”，确定魏某实际所有的财产。除上述房产外，侦查机关还查封了涉案房产 11 套：其中，7 套在魏某儿子名下、3 套在特定关系人名下、1 套在特定关系人女儿名下，此外还冻结了其特定关系人专用账户存款人民币 810 万余元，从其特定关系人处扣押现金人民币 490 万余元。检察机关经审查，上述财产均系代魏某持有的财产：首先，在案相关银行流水，魏某供述、特定关系人等证言均证实，2010 年魏某与特定关系人共同生活后，将其财产陆续交给特定关系人打理，对外的放贷、投资，以其儿子、特定关系人、特定关系人女儿名义购买的房产，以特定关系人名义在银行的定期存款，均来源于魏某的资金及利用这些资金进行投资、经营所得。其次，其儿子、特定关系人的正常收入不足以支持他们名下的财产数额。其儿子无固定收入来源，特定关系人 2000 年下岗后，在公司从事财务工作，主要合法收入来源于工资，均无足够收入购置上述财物。综合在案证据，认定上述事实清楚，相关证据确实、充分，足以排除合理怀疑。三是适用高度可能证明标准，依法认定黑社会性质组织骨干成员的违法所得及孳息、收益。检察机关审查认为，魏某实施黑社会性质组织犯罪的定罪量刑事实已经查清，有证据证明其在犯罪期间通过其儿子等人代持的房产、存款及现金高度可能属于黑社会性质组织犯罪的违法所得及其孳息、收益。首先，魏某实际所有的财产数额，远超其合法收入。魏某的个人身份材料及有关部门出具的证明证实，魏某在履行公职期间及 2007 年退休后，其合法收入主要来源于工资所得，魏某亦未提出其他合法收入来源。魏某实际所有的上述 11 套房产、人民币 1300 万余元存款及现金远超过个人合法收入。其次，有证据证明魏某参加黑社会性质组织期间获得了大量经济利益。司法审计报告、银行流水、查扣的部分分红账单，魏某及同案人供述，相关证人证言等证据证实，魏某参加黑社会性质组织后，通过黑社会性质组织攫取了大量的经济利益。最后，在案证据证明魏某涉黑非法所得与通过其特定关系人等人代持的财产存在高度关联。侦查期间，检察机关建议公安机关对魏某的每一项财产核查其来源、权属，但由于该案犯罪行为发生时间较早，犯罪组织多采用现金分红、按月销毁分红账目等手段，有预谋的掩盖犯罪所得。且魏某与其特定关系人采用多人账户倒账，频繁注销、开立银行账户，大额现金存款、取款，现金购房等方式故意掩盖其持有资金的来源与去向，造成其特定关系人等人代持魏某的房产、存款、现金，无法准确认定来源于具体哪一起违法犯罪活动。但魏某不能说明这些财产的合法来源，且魏某从黑社会性质组织获取的大量违法犯罪所得均交由其特定关系人打理，因此，可以认定其特定关系人等人代持的财产高度可能来源于魏某通过黑社会性质组织获取的违法犯罪所得。

（三）依法提出涉黑财产处置建议。该案起诉后，江西省南昌市西湖区人民检察院向西湖区人民法院提出魏某通过特定关系人等人的名义实际持有的房产、现金与存款高度可能来源于魏某通过黑社会性质组织获取的违法犯罪所得，根据《中华人民共和国反有组织犯罪法》的规定，对上述财产无须甄别具体来源，建议予以直接追缴、没收。2022 年 9 月 5 日，南昌市西湖区人民法院采纳检察机关提出的指控意见、量刑建议和财产处置意见，以魏某构成参加黑社会性质组织罪，判处有期徒刑四年四个月，并处没收个人全部财产，对特定关系人等代持的 11 套房产、现金与存款及其他违法犯罪所得依法追缴、没收。一审宣判后，魏某服判未上诉，判决生效。魏某涉嫌行贿公职人员等其他违法犯罪行为，另行处理。

【典型意义】

（一）办理黑社会性质组织犯罪案件，应当对查封、扣押、冻结的财产进行权属甄别，依法处置。黑社会性质组织犯罪涉案财产具有来源多元化、资产形态多样化、所涉法律关系复杂化的特征，因此，在办理黑社会性质组织犯罪案件时，要严格区分涉案财产中合法收入与违法犯罪所得、经济纠纷与涉黑犯罪、个人财产与共有财产等界限。对由特定关系人等第三人持有的涉案财物，检察机关应进行仔细甄别，属于第三人合法财产的，应及时发还权利人；与第三人共同持有财产的，要依法认定和维护权利人合法的共有权益；属于组织成员将违法犯罪所得转移给他人代持的，应收集证据查明他人代持的事实，准确认定财产权属。在查清涉案财产范围的基础上，对黑社会性质组织及其成员隐匿、“漂白”其通过黑社会性质组织犯罪活动聚敛的违法所得，应当依法提出追缴、没收等处置建议。

（二）准确把握、规范适用高度可能证明标准。《中华人民共和国反有组织犯罪法》第四十五条第三款中规定了涉黑财产属性认定的高度可能证明标准，明确“被告人实施黑社会性质组织犯罪的定罪量刑事实已经查清，有证据证明其在犯罪期间获得的财产高度可能属于黑社会性质组织犯罪的违法所得及其孳息、收益，被告人不能说明财产合法来源的，应当依法予以追缴、没收”。规范适用该证明标准，需要从以下几方面把握：第一，适用的前提是因客观原因无法确切认定黑社会性质组织案件涉案财产来源、去向，涉案财产与黑社会性质组织违法所得之间无法形成准确的对应关系。第二，适用对象仅限黑社会性质组织犯罪的被告人，对恶势力组织犯罪的被告人及普通犯罪的被告人不能适用。第三，有证据证明被告人实施了黑社会性质组织犯罪活动，并获取了相应的违法所得，涉案财产与黑社会性质组织犯罪活动有关联。第四，被告人的合法收入不足以形成涉案财产，并且黑社会性质组织成员无法对涉案财产的合法来源提出合理辩解，或者提出的辩解经核实不能成立。对于符合上述条件的，应认定涉案财产与涉黑犯罪违法所得存在高度关联，应当依法予以追缴、没收。需要说明的是，在办理黑社会性质组织案件中，应当尽可能查清涉案财产的来源，只有因客观原因无法获得准确认定财产来源、去向的证据时，才可适用该证明标准；同时，应注意审查客观证据证实的行为人参加黑社会性质组织期间获得的经济利益，与拟追缴、没收的违法所得在数额上是否具有一致性，避免出现拟追缴、没收财产和所获经济利益不对等的情形。

（三）《中华人民共和国反有组织犯罪法》第四十五条第三款适用于该法施行以前黑社会性质组织案件违法所得及其孳息、收益的认定。我国刑法第十二条明确了刑法适用的溯及力问题，即“从旧兼从轻”的原则。需要注意的是，该原则主要是关于实体上的罪名和刑罚适用规则。从性质上，《中华人民共和国反有组织犯罪法》第四十五条第三款主要涉及的是关于涉案财产的判定和处置的证明标准问题，系刑法第六十四条规定的“犯罪分子违法所得的一切财物，应当予以追缴或者责令退赔”在诉讼程序上的适用、证明标准具体化。因此，《中华人民共和国反有组织犯罪法》第四十五条第三款可以适用于该法生效时间（2022 年 5 月 1 日）之前黑社会性质组织案件的办理。

聚焦依法惩治人民群众反映强烈、深恶痛绝的黑恶势力犯罪 推动扫黑除恶斗争走深走实

——最高人民检察院扫黑除恶斗争领导小组办公室负责人就检察机关发布常态化开展扫黑除恶斗争典型案例答记者问

为深入贯彻党的二十大、二十届三中全会精神，全面贯彻习近平法治思想，坚决扛起政治责任，确保党中央决策部署不折不扣落实到位，推动各级检察机关坚持以人民为中心，顺应人民群众呼声，把打击锋芒始终对准人民群众反映最强烈、最深恶痛绝的各类黑恶势力违法犯罪，充分展示党中央有黑必扫、除恶务尽的决心，不断推进常态化扫黑除恶斗争法治化、规范化、专业化，2025年2月5日，最高人民检察院印发5件检察机关常态化开展扫黑除恶斗争典型案例。最高人民检察院扫黑除恶斗争领导小组办公室负责人就相关问题回答记者提问。

问：最高人民检察院编发这批常态化开展扫黑除恶斗争典型案例，主要考虑是什么？

答：最高人民检察院编发这批典型案例是贯彻落实党中央关于常态化开展扫黑除恶斗争决策部署的具体举措。党中央高度重视常态化开展扫黑除恶斗争工作，党的二十大、二十届三中全会都对常态化开展扫黑除恶斗争作了专门部署。党的二十大报告提出，要强化社会治安整体防控，推进扫黑除恶常态化，依法严惩群众反映强烈的各类违法犯罪活

动。党的二十届三中全会提出，要完善社会治安整体防控体系，健全扫黑除恶常态化机制。最高人民检察院认真贯彻落实党中央决策部署，应勇检察长指出，要纵深推进常态化开展扫黑除恶斗争，切实做到“是黑恶一个不漏、不是黑恶一个不凑”。注重发挥典型案例的指导作用和警示教育、法治宣传作用，是最高人民检察院常态化开展扫黑除恶斗争，加强业务指导的重要工作机制。2024 年以来，我们广泛征集了常态化以来办理的扫黑除恶案件，从中选取了在事实认定、法律适用、案件处理和综合治理等方面有典型性、指导性的案件，提炼法律要旨和经验做法，用以指导类案办理和日常工作。

问：这批典型案例主要涉及哪些主题和内容？

答：这批案例涵盖的主题和内容较多，重点有以下几个方面：一是突出依法严惩农村黑恶犯罪，尤其是宗族黑恶势力。把持基层政权、操纵破坏基层选举、垄断农村资源、侵吞集体资产的黑恶势力以及利用家族、宗族势力横行乡里、称霸一方、欺压残害群众的“村霸”等黑恶势力，严重影响人民群众安全感，严重破坏农村经济社会秩序，严重损害党的执政根基，历来是扫黑除恶斗争的重中之重。这批案例中选编的黄某华等人涉恶案就是这方面的典型。二是突出惩治常见高发领域黑恶犯罪。本批案例涉及常见高发的涉开设赌场、高利放贷、涉市场流通等领域黑恶犯罪案例，以凸显对这些领域黑恶犯罪的常态化高压严打态势。三是突出解决新型疑难法律问题。2021 年出台的反有组织犯罪法在涉黑财产处置方面，规定了“高度可能证明标准”。如何理解和运用这一标准成为实践面临的新型疑难问题，亟待加强指导。这批案例中的魏某参加黑社会性质组织案为办理这类案件提供了样板。

问：宗族黑恶势力案件有哪些特点，在办理该类案件中有什么注意事项？

答：我国有悠久的“家文化”和“宗族文化”传统，该传统客观上发挥着稳定社会秩序的作用。随着经济社会发展进步，建立在农耕文化基础上的“宗族文化”传统逐步消解，但是在强大的历史惯性下，传统家族、宗族文化中一些的狭隘观念、陋习糟粕沉渣泛起。一些违法犯罪分子，不能正确处理家族宗族观念与现代公民角色的关系，利用、借助家族宗族势力实施有组织的违法犯罪，攫取非法利益，破坏了现代政府管理和社会治理秩序，应当依法予以惩治。

该类案件有自身的特点，办理此类案件过程中有以下注意内容：一是严格按照构成要件认定涉家族宗族黑恶势力犯罪。家族宗族黑恶势力，主要是以血缘、宗族关系为纽带，组织成员之间的关系有着天然的层级性、紧密性、稳定性和利益的共同性。办理此类案件，要紧紧围绕黑恶犯罪构成要件，尤其是黑社会性质组织罪4个特征，综合分析家族宗族成员的管理方式、实施的违法犯罪活动、攫取的非法经济利益、造成的社会影响等方面，认定是否属于黑恶犯罪组织，做到“不漏不凑”。二是准确落实宽严相济刑事政策。办理宗族黑恶势力犯罪，对组织者、领导者，首要分子，骨干成员，重要成员，积极参加者等要依法从严从重惩处。对于因为血缘、宗族原因参与相关犯罪行为，主要起到助威、制造声势作用的一般参加者和非组织成员，认罪悔罪态度好，应当根据情节依法从宽处理。对于因宗族、家族关系临时被纠集或受蒙蔽参加黑恶组织实施的违法犯罪活动或者仅提供帮助、支持、服务的人员，不宜认定为黑恶组织成员。在办案中既要考虑法律效果，也要考虑政治效果、社会效果，协调处理好发挥家族宗族在基层治理和经济建设中的积极作用与有效惩治家族宗族势力违法犯罪的关系。

问：对于常见高发领域出现的黑恶犯罪，检察机关在惩治与预防等方面有哪些举措？

答：这批案例涉及的罗某明等人涉黑案、回某华等人涉黑案以及王某桓等人涉黑案，发生在开设赌场、高利放贷、市场流通等黑恶犯罪常见高发领域。总结实践经验和该类案件案发规律，检察机关对常见高发领域主要从两个方面加强惩治和预防工作。一是提升黑恶线索发现能力，坚持打早打小、露头就打。由于多种原因，这些常见高发领域滋生黑恶犯罪的土壤始终存在。近年来，检察机关会同公安机关提高黑恶犯罪线索发现能力和依法打击能力。我们注重发挥侦查监督与协作配合机制作用，加强黑恶类案件法律监督模型研发、推广运用，加强线索发现核查以及风险排查，对黑恶组织惯常实施的犯罪的警情、线索、案件，重点审查、串并分析、建模深挖，及时发现掌握乱生恶的动向、恶变黑的线索或信号，监督督促公安机关及时查处，确保打早打小。在日常工作中，检察机关不就案办案，注重在办理黑恶势力惯常实施的普通犯罪案件中发现涉黑涉恶案件线索，在提前介入侦查和退回补充侦查等办案活动中，注重引导公安机关深挖彻查，依法追诉漏罪漏犯，确保打准打透。这批案例都有这方面的经验做法。二是坚持以案促治和常态化预防。常态化开展扫黑除恶斗争必须坚持标本兼治、惩防并举。检察机关在办理黑社会性质组织案件中，注重调研分析黑恶势力滋生的原因、规律，深入查找滋生黑恶势力背后的基层社会治理和行业管理漏洞，通过制发检察建议、建立联动工作机制等方式，协同执法部门、行业主管部门共同发力，共同破解社会治理和行业难题，提高社会治理能力和水平，切实提升人民群众的获得感、幸福感、安全感。

问：2024年中央首次对各省区市开展扫黑除恶常态化中央督导工作，下一步，检察机关开展常态化扫黑除恶斗争有哪些重点工作？

答：开展扫黑除恶常态化中央督导是根据党中央统一部署，中央政法委牵头的一项重大专项工作，最高人民检察院党组高度重视，作为一项重要的政治任务认真落实，作为全国扫黑除恶斗争领导小组成员单位也派出20余名政治素质强、业务能力过硬的同志参加督导工作，各级检察机关全力支持，积极配合、接受督导。针对督导中发现的检察机关办案履职和法律监督工作中存在的问题，我们将照单全收、逐个整改落实。下一步，检察机关将以此次中央督导为契机，进一步做好以下六个方面的工作：一是切实提高政治站位和思想认识，把牢常态化开展扫黑除恶斗争的正确方向。认真落实习近平总书记关于常态化开展扫黑除恶斗争的系列重要指示精神，坚决依法从严惩治涉黑恶犯罪，以抓实抓细常态化开展扫黑除恶斗争的实际行动检验拥护“两个确立”。二是加强重点领域、重点案件办理，保持依法惩治力度。严格秉持“是黑恶一个不漏，不是黑恶一个不凑”的依法办案理念，将高质效办案落到实处。依法严惩宗族黑恶势力犯罪，依法严惩利用未成年人、在校学生实施黑恶犯罪，紧盯自然资源、工程建设、交通运输、金融放贷、黄赌毒等黑恶势力高发的传统领域，加大信息网络等新领域涉黑涉恶犯罪惩治力度。三是强化统筹，促进常态化开展扫黑除恶斗争工作长效常治。推进各业务条线融合发展，加强捕诉部门与检察侦查部门协作配合，对涉黑涉恶案件施行逮捕起诉与检察侦查联合办案模式，依法查处司法工作人员相关职务犯罪，一体推进扫黑除恶与破网打伞。四是充分发挥法律监督职能，提升案件质量。加强立案监督、侦查活动监督和审判监督，着力解决有案不立、压案不查、有罪不究问题。坚持严格依法办案，坚持证据裁判、罪刑法定、疑罪从无，密切与公安机关协作配合，着力构建以证据为中心的指控体系，担负起指控和证明犯罪的主导责任。五是推动相关制度机制切实有效落实落地。严格落实省级院统一把关机制，真把关，严把关，实行案件化把关，真正做到“不漏不凑”。健全完善最高人民检察院挂牌督办案件指导办理机制，正确理解挂牌督办的意义，不能将挂牌督办片面理解为严办、拔高办，对较为重大复杂疑难案件实质化指导，以点带面，促进办案质效提升。六是加强常态化开展扫黑除恶斗争队伍建设。推动各地检察机关持续加强扫黑除恶机构机制建设，加强扫黑除恶人才培养，管理、运用好近期建立的全国检察机关常态化开展扫黑除恶斗争专家人才库，开展常态化扫黑除恶斗争专题培训，提升队伍办案能力。

依法惩治赌博及关联犯罪典型案例

（2025 年 1 月 21 日最高人民法院发布）

赌博是有百害而无一益的社会毒瘤，特别是在春节期间，当千家万户团聚、感受浓浓年味的同时，个别人却沉迷赌博，幻想以小博大、一夜暴富，最终越陷越深，输掉辛苦工作获得的收入，甚至倾家荡产、妻离子散，滋生其他侵财犯罪和暴力犯罪。

党中央高度重视打击治理赌博工作，习近平总书记作出重要指示批示，为打击治理工作提供了根本遵循。人民法院坚决贯彻落实习近平总书记重要指示批示精神，充分发挥审判职能作用，积极参与打击治理赌博工作，依法严惩赌博犯罪团伙首要分子和骨干成员、依法严惩跨境赌博等犯罪、依法严惩因赌博而衍生的故意杀人等暴力犯罪，有力有效遏制赌博犯罪蔓延。

为充分发挥典型案例的警示、教育、指引作用，最高人民法院发布 6 件赌博犯罪及其关联犯罪典型案例。此次发布的案例有以下主要特点。

一是依法严惩农村赌博、“地下六合彩”赌博、跨境赌博等突出犯罪。近年来，随着经济社会发展和网络普及，赌博犯罪呈现新特点新趋势，少数农村地区赌博犯罪有所蔓延，“地下六合彩”赌博死灰复燃，境外赌场对我国公民招赌、吸赌问题突出，社会危害严重。此次发布的王某英、刘某有赌博案，被告人组织村民进行赌博，严重破坏文明乡风、淳朴民风。所发布的郑某、龚某开设赌场案，被告人利用“六合彩”开奖结果作为中奖依据，开设网络赌场。所发布的吴某斌等组织参与国（境）外赌博案，被告人长期组织内地赌客赴澳门赌博，非法获利巨大，并造成大量资金外流。人民法院均坚决依法严惩。

二是全链条惩处赌博关联犯罪。“十赌十骗”，跨境电信网络诈骗犯罪分子经常以赌博的幌子实施诈骗。赌博还极易衍生盗窃、抢劫、伤害、杀人、绑架等侵财犯罪和暴力犯罪，因沉迷赌博、债台高筑进而引发的恶性案件时有发生。此次发布的王某华诈骗等案，就是以网络赌博之名行诈骗之实的典型案例，诈骗数额特别巨大，人民法院依法予以惩处。所发布的唐某故意杀人案，被告人唐某因赌博欠债而持枪杀人，犯罪情节特别恶劣，罪行极其严重，人民法院依法对唐某判处死刑。

三是坚持宽严相济精准打击。在对赌博犯罪坚持总体从严惩处方针的同时，实行区别对待，宽以济严，对具有从犯、自首、立功、坦白、认罪认罚、积极退赃等从宽情节的被告人依法兑现政策，确保精准打击、效果良好。此次发布的郑某、龚某开设赌场案，被告人龚某是从犯，罪责明显小于被告人郑某，且坦白、认罪认罚，人民法院依法对其减轻处罚并判处缓刑。

四是依法加大经济制裁力度。赌博是贪利型犯罪，必须强化“打财断血”，坚决斩断赌博“资金链”，摧毁赌博犯罪的经济基础。此次发布的王志某开设赌场案，赌资流转涉及900余个银行卡账户及虚拟货币账户，人民法院与有关部门密切配合，落实相关查封、冻结措施，对查明的涉案赌博资金依法予以追缴、没收。

下一步，人民法院将继续坚持以习近平新时代中国特色社会主义思想为指导，深入贯彻习近平法治思想，依法惩治赌博犯罪及其关联犯罪，大力推进打击治理工作，守护人民群众美好生活。同时，希望广大群众认清赌博的本质和严重危害，放弃侥幸，抵制赌博，提高防范意识和能力，共同营造文明社会风尚！

目　录

案例 1　被告人王某英、刘某有赌博案

——依法惩处农村赌博犯罪

【基本案情】

2020 年 1 月至 2023 年 7 月，被告人王某英以营利为目的，在吉林省德惠市某村家中，利用手机微信组织多名村民等赌博，将赌资通过微信转给上家，以获取返点。其间，被告人刘某有在德惠市某村家中，亦采用相同手段组织多名村民等进行赌博，将赌资通过微信转给王某英，

以获取返点。截至案发，王某英涉案赌资749万余元；刘某有涉案赌资53万余元。

【裁判结果】

本案经吉林省德惠市人民法院审理，现已发生法律效力。

人民法院认为，被告人王某英、刘某有以营利为目的，组织多人赌博，其行为均已构成赌博罪。王某英、刘某有归案后坦白罪行，王某英主动上缴部分违法所得，刘某有主动上缴全部违法所得，量刑时予以考虑。综上所述，对被告人王某英以赌博罪判处有期徒刑一年三个月，并处罚金；对被告人刘某有以赌博罪判处有期徒刑六个月，缓刑一年，并处罚金。

【典型意义】

本案是人民法院依法惩处农村赌博犯罪的典型案例。近年来，在一些农村地区，传统赌博尚未禁绝，新型赌博又有所蔓延，赌博问题成为农村社会治理的重点、移风易俗的难点、乡村振兴的堵点，须下大力气予以惩治。被告人王某英及其下线刘某有组织村民进行赌博，涉案赌资达数百万元，对其依法判处刑罚。人民法院依法惩处农村赌博犯罪，以打击治理“小切口”，助推乡村振兴“大文章”，切实保护农民利益、涵养文明乡风、推动乡村文化建设、助力乡村全面振兴。

案例2　被告人郑某、龚某开设赌场案

——依法惩处“地下六合彩”赌博犯罪

【基本案情】

2020年以来，被告人郑某在重庆市注册成为某境外赌博网站的股

东代理，招募多名下级代理和参赌会员参与赌博，并安排被告人龚某等利用微信、微信群招揽赌客、收取赌资，以“六合彩”开奖结果作为中奖依据等方式开设网络赌场。郑某等人共接受下级代理及会员投注1.9亿余元。

【裁判结果】

本案经重庆市江津区人民法院审理，现已发生法律效力。

人民法院认为，被告人郑某、龚某的行为均已构成开设赌场罪。二人具有坦白、认罪认罚等情节。在共同犯罪中，郑某系主犯，龚某系从犯，对龚某依法减轻处罚。综上所述，对被告人郑某以开设赌场罪判处有期徒刑五年十个月，并处罚金；对被告人龚某以开设赌场罪判处有期徒刑二年六个月，缓刑三年，并处罚金。

【典型意义】

本案是人民法院依法惩处以“地下六合彩”形式网上开设赌场的典型案例。随着信息网络的发展，赌博由线下向线上蔓延，衍生出种类繁多的赌博方式。“地下六合彩”利用“六合彩”开奖号码作为中奖依据，其“高赔率”让参赌人员深陷其中无法自拔。“地下六合彩”网络赌博隐蔽性强，资金流转迅速，赌资数额巨大，社会危害突出。被告人郑某等以“六合彩”开奖结果竞猜赌博等方式开设网络赌场，涉及赌资特别巨大。人民法院在依法从严惩处的同时，区别对待、宽以济严，对主犯郑某从重判处，对从犯龚某依法减轻处罚，确保打击精准、效果良好。

案例3　被告人吴某斌等组织参与国（境）外赌博案

——依法严惩组织参与国（境）外赌博犯罪

【基本案情】

2005年，被告人吴某斌在澳门一赌场开设赌博账户，根据赌资数额从赌场获取返利。吴某斌等人通过当面招揽、电话邀集、口口相传等方式，长期组织、招揽境内公民到澳门赌博，提供陪赌、结算、后勤保障等服务。截至2022年8月案发，吴某斌赌博团伙控制的账户流入赌资共计3亿余元。

【裁判结果】

本案经湖南省宁乡市人民法院一审，湖南省长沙市中级人民法院二审，现已发生法律效力。

人民法院认为，被告人吴某斌等组织境内公民参与境外赌博，情节严重，其行为已构成组织参与国（境）外赌博罪。在共同犯罪中，吴某斌系主犯，应当按照其所组织、指挥的全部犯罪处罚。吴某斌等的大部分犯罪发生在2021年3月刑法修正案（十一）出台之前，量刑予以考虑。综上所述，对被告人吴某斌以组织参与国（境）外赌博罪判处有期徒刑六年，并处罚金；对其他被告人以组织参与国（境）外赌博罪分别判处有期徒刑三年至二年六个月，并处罚金。

【典型意义】

本案是人民法院依法严惩组织境内公民参与境外赌博犯罪的典型案例。近年来，境外赌场对我国公民招赌、吸赌问题日益突出，催生相关专业化犯罪团伙，以旅游等名义组织赌客出境赌博，提供陪赌、结算、后勤保障等“全包式”服务，逐渐形成赌博活动跨境化、行为类型多样化、赌资外流隐蔽化等特点。被告人吴某斌等长期结伙专门组织境内公民赴澳门赌博，造成大量资金外流，犯罪情节严重，对吴某斌等依法惩处。人民法院依法严惩组织参与国（境）外赌博犯罪，严惩跨境赌博犯罪团伙，坚决斩断跨境赌博的资金链和服务链。

案例 4　被告人王某华诈骗等案

——依法严惩利用赌博进行跨境电信网络诈骗犯罪

【基本案情】

跨国特大电信网络诈骗犯罪集团“奥多”公司以开设网络赌场“诈赌”形式实施诈骗。2018 年 7 月至 2020 年 1 月，被告人王某华先后担任该公司运营部、推广部主管，通过在后台阻止参赌人员提现等方式实施诈骗。2019 年 4 月至 2020 年 1 月，该集团骗取钱款达 1.2 亿余元，王某华非法获利 480 万元。王某华为从事电信网络诈骗活动，还 3 次非法出入国境，组织 40 余人使用虚假的出入境事由出入国境。

【裁判结果】

本案经河南省驻马店市中级人民法院审理，现已发生法律效力。

人民法院认为，被告人王某华以非法占有为目的，参加犯罪集团，以网络赌博的形式骗取他人钱财，其行为已构成诈骗罪，且数额特别巨大；王某华的行为还构成妨害国（边）境管理犯罪。在共同犯罪中，王某华系主犯。综上所述，对被告人王某华所犯诈骗罪等数罪并罚，判处并决定执行无期徒刑，剥夺政治权利终身，并处没收个人全部财产。

【典型意义】

本案是人民法院依法严惩利用网络赌博进行跨境电信网络诈骗犯罪的典型案例。诈骗犯罪分子经常以招赌、吸赌的“幌子”诱使被害人上当受骗，诈骗行为更具迷惑性，严重侵害公民财产安全，严重破坏社会稳定。被告人王某华伙同他人实施跨境电信网络诈骗，以网络赌博的形式骗取钱财累计1.2亿余元，数额特别巨大，受到法律严惩。本案警示那些幻想通过赌博一夜暴富的人，不赌为赢，拒绝赌博，莫存侥幸。

案例5　被告人唐某故意杀人案

——依法严惩赌博衍生的严重暴力犯罪

【基本案情】

2020年以来，被告人唐某经微信网友介绍接触网络赌博，并逐渐沉迷，欠下大量外债。2021年4月27日，唐某谎称自己有市场摊位，将摊位出租给被害人石某田，石某田向唐某支付租金4万元，后唐某不能交付摊位，双方发生争执。同年5月9日晚，唐某携带自制枪支将石某田骗至一山洞，持枪向石某田头部射击，致石某田严重颅脑损伤当场死亡。

【裁判结果】

本案经广西壮族自治区桂林市中级人民法院一审，广西壮族自治区高级人民法院二审，最高人民法院复核，现已对唐某执行死刑。

人民法院认为，被告人唐某故意非法剥夺他人生命，其行为已构成故意杀人罪。唐某因欠下赌债无法偿还，为骗取钱财而虚构事实与被害人签订合同，进而因无法履行合同开枪杀死被害人，犯罪情节特别恶劣，罪行极其严重，应依法严惩。综上所述，以故意杀人罪判处被告人唐某死刑，剥夺政治权利终身。

【典型意义】

本案是人民法院依法严惩赌博衍生严重暴力犯罪的典型案例。赌博是一条不归路，赌徒在赌博过程中寻求刺激、幻想一夜暴富的欲望不断膨胀，最终往往泯灭道德和良知，因沉迷赌博导致的故意杀人等重大恶性案件时有发生。被告人唐某因长期沉迷赌博欠下大量外债，进而虚构事实与他人签订合同骗取钱财，因不能履行合同又枪杀对方，犯罪动机卑劣，情节特别恶劣，罪行极其严重，人民法院依法对唐某判处死刑。本案告诉我们，“十赌十输”“庄赢客输”是赌场的不变规律，企图靠赌博发家致富的都是妄想，因沉迷赌博而致家破人亡的例子比比皆是，切不可心存侥幸、自我毁灭。

案例 6　被告人王志某开设赌场案

——依法加大经济制裁力度

【基本案情】

2021 年 11 月至 2022 年 5 月，被告人王志某等明知“柚子联盟”系赌博 App，为牟取非法利益，仍为“柚子联盟”担任代理并发展多名下级代理、赌客，组织他人参与网络赌博，赚取利润分成。王志某伙同他人发展代理、赌客累计 1 万余人，上述代理、赌客在“柚子联盟”累计充值 5. 9 亿余元，涉及 900 余个银行卡账户内的资金及虚拟货币。

【裁判结果】

本案经重庆市荣昌区人民法院审理，现已发生法律效力。

人民法院认为，被告人王志某为牟取非法利益，担任赌博网站代理并发展下线、赌客，其行为已构成开设赌场罪。王志某在开设赌场共同犯罪中起次要作用，系从犯，且坦白、认罪认罚、主动退赃，依法可以从宽处罚。综上所述，对被告人王志某以开设赌场罪判处有期徒刑四年五个月，并处罚金；对被告人王志某的违法所得予以追缴，对流转赌资的 900 余个银行卡账户内的资金及虚拟货币等予以没收。

【典型意义】

本案是人民法院对赌博犯罪依法加大经济制裁力度的典型案例。“柚子联盟”网络赌博平台涉案赌客多达 300 余万人，涉及 900 余个银行卡账户及部分虚拟货币账户。人民法院与公安、检察等部门密切配合，依法落实相关查封、冻结措施，没收涉案资金数千万元和大量虚拟货币。对赌博犯罪分子判处刑罚的同时，坚决“打财断血”，深挖涉赌“资金池”，斩断赌博“资金链”，摧毁赌博犯罪的经济基础。

依法惩治农村黑恶犯罪典型案例

（2025 年 1 月 9 日最高人民法院发布）

随着我国经济社会的发展，乡村振兴不断取得新成效。但是，一些犯罪分子在利益驱使下，为非作恶、欺压残害基层群众，逐渐发展演变为农村黑恶势力，严重危害农村地区政治生态、法治生态、社会生态，侵蚀党的执政根基，成为影响农村发展的毒瘤。常态化开展扫黑除恶斗争以来，人民法院深入学习贯彻习近平总书记重要指示精神，充分发挥审判职能作用，始终保持对黑恶犯罪严打高压态势，持续整治“村霸”，依法打击农村家族宗族黑恶势力及其“保护伞”，将案件审理与加强基层治理、普法宣传相结合，持续推动平安乡村、法治乡村建设。

为充分发挥典型案例的教育、警示作用，最高人民法院 2025 年 1 月 9 日发布 5 件依法惩治农村黑恶犯罪典型案例。本次发布的典型案例，具有以下三方面特点：一是坚持依法严惩。5 个案例均对“村霸”和家族宗族黑恶势力予以严厉打击，坚持“打早打小，露头就打”的方针，对主观恶性深、人身危险性大的犯罪分子，依法判处重刑，彰显重拳出击、从严惩治的立场。二是聚焦农村地区重点行业领域。案例一中，以被告人欧阳某臣为组织者、领导者的黑社会性质组织开设并非法控制地下赌场；案例二中，以被告人刘某良为组织者、领导者的黑社会性质组织插手农村土方工程；案例三中，以被告人卜某勃为组织者、领导者的黑社会性质组织非法占用农用地、控制当地煤炭运输行业；案例四和案例五中，恶势力犯罪集团均通过侵占农村集体土地牟取非法利益。人民法院在对被告人依法定罪量刑的同时，加大“黑财”清缴力度，坚决摧毁黑恶势力经济基础，防止“死灰复燃”。三是强化标本兼治。预防和治理黑恶犯罪是系统工程，人民法院坚持“抓前端、治未病”，根据办案过程中发现的社会治理漏洞，向有关部门提出了有针对性的司法建议。在案例五中，还将庭审现场打造成法治课堂，分批次邀请 258 个村（社区）党组织书记“零距离”旁听庭审，开展“沉浸式”警示教育。

下一步，人民法院将继续坚持以习近平新时代中国特色社会主义思想为指导，深入学习贯彻习近平法治思想，依法惩治各类刑事犯罪，持续推进农村地区扫黑除恶斗争常态化，确保农村安宁稳定，为全面推进乡村振兴提供优质的司法服务和保障。

目　录

案例 1　欧阳某臣等组织、领导、参加黑社会性质组织案

【基本案情】

被告人欧阳某臣自小好勇斗狠，曾伙同他人持刀将一人砍成重伤、两人轻伤，事后通过私下赔偿了事，社会恶名逐步传开，进而陆续纠集社会闲杂人员实施违法犯罪。2012 年 5 月，欧阳某臣为抢夺矿产，纠集多人聚众斗殴，持砍刀、钢管等凶器打伤三人、砸烂三辆汽车，并烧毁其中两辆汽车，造成极为恶劣的社会影响，形成了以欧阳某臣为组织者、领导者的黑社会性质组织。该组织在某镇及周边一带为非作恶，通过在村集体企业等场所开设赌场及高利放贷等手段，聚敛钱财，壮大组织规模；并通过有组织地实施聚众斗殴、寻衅滋事、非法拘禁等暴力违法犯罪活动提升组织恶名，恫吓欠债人员，追讨赌债。该组织通过实施大量违法犯罪活动，并利用国家工作人员的包庇、纵容，在某镇一带为非作恶、称霸一方，欺压、残害群众，对当地地下赌场形成非法控制，严重破坏社会秩序和经济秩序，造成恶劣的社会影响。

【裁判结果】

湖南省郴州市苏仙区人民法院经审理，对被告人欧阳某臣以组织、领导黑社会性质组织罪、聚众斗殴罪、寻衅滋事罪、开设赌场罪、非法拘禁罪、赌博罪、强迫交易罪、故意伤害罪判处有期徒刑十七年六个月，剥夺政治权利二年，并处没收个人财产人民币十万元，罚金人民币十六万三千元；对其余十四名被告人分别判处有期徒刑十一年至二年不等的刑罚，并处没收财产或罚金，追缴各被告人的违法所得。宣判后，欧阳某臣等提出上诉。郴州市中级人民法院裁定驳回上诉，维持原判。

【典型意义】

本案是一起农村地区闲散人员通过开设赌场、高利放贷等手段聚敛钱财、称霸一方的典型案例。被告人欧阳某臣凭借打架斗狠赢得的恶名，聚拢起宗族中的闲散人员，逐渐形成了以欧阳某臣为组织者、领导者，农村宗族中的社会闲散人员为骨干成员和积极参加者的黑社会性质组织。该组织为牟取利益，诱使大量当地群众参与赌博，赌客中甚至不乏村组干部等基层治理人员，许多群众深陷赌博泥潭，或在欠下巨额赌债后为躲避暴力讨债背井离乡、妻离子散。人民法院依法予以严厉打击，净化了乡村风气，为全面推进乡村振兴创造平安稳定的社会治安环境。针对案件中暴露出来的对基层村组干部、村集体企业监管不足等问题，向相关部门发出司法建议，推动完善乡村综合治理，实现“办理一案，治理一片”的效果。

案例2　刘某良等组织、领导、参加黑社会性质组织案

【基本案情】

1996年至1998年，被告人刘某良、毕某师及刘某权三人经常纠集在一起，为非作恶，先后被判刑入狱。2002年3月，刘某良出狱后开始介入土石挖、填方行业，为进一步从某村及周边地区的工程项目中攫取经济利益，刘某良纠集刘某权、毕某师，违法挖山取土用于其承揽的填方工程或出售他人，大肆敛财，逐渐在当地形成一股势力。后刘某良将刑满释放人员卢某境纳入组织，以打压竞争对手，逐步形成强势地位。2010年后，刘某良陆续豢养、笼络、雇用本宗族的刘某令、刘某传、郑某有和社会闲散人员林某清等人加入该组织，逐步形成了以刘某良为组织者、领导者的黑社会性质组织。该组织通过实施强迫交易、敲诈勒索、寻衅滋事、故意伤害、破坏生产经营、串通投标、非法占用农用地、非法采矿等违法犯罪活动，攫取巨额经济利益，对某村及周边区域形成重大影响，对当地土石方工程形成非法控制，严重破坏当地经济、社会生活秩序。

【裁判结果】

福建省霞浦县人民法院经审理，对被告人刘某良以组织、领导黑社会性质组织罪、敲诈勒索罪、非法采矿罪、寻衅滋事罪、强迫交易罪、串通投标罪、故意伤害罪、破坏生产经营罪、非法占用农用地罪判处有期徒刑二十年，剥夺政治权利二年，并处没收个人全部财产；对其余九名被告人分别判处有期徒刑十年至一年不等的刑罚，并处没收财产或罚金，并追缴各被告人的违法所得。宣判后，刘某良等提出上诉。宁德市

中级人民法院裁定驳回上诉，维持原判。

【典型意义】

本案是一起黑恶势力霸占农村土地、矿产资源的典型案例。被告人刘某良为非法占用、破坏农村资源，攫取个人经济利益，以血缘、姻亲、朋友等关系为纽带，逐步形成以刘某良为组织者、领导者的黑社会性质组织。该组织的部分成员系某村刘姓族人及刘某良姻亲，依仗宗族势力坐大成势，长期为祸乡里，通过堵路、挖坑等手段强揽工程，在山场肆意毁坏群众坟墓、林地、农作物，非法占用林地、旱地取土，改变被占用土地用途，使林地、农用地受到严重毁坏，严重破坏当地自然环境。人民法院对各被告人依法判处刑罚，并通过判处财产刑、追缴违法所得，彻底铲除该组织的经济基础。同时，引导被告人自愿缴纳生态修复款，将打击黑恶犯罪与维护生态环境相结合，对案件暴露出的基层治理漏洞向当地林业局、自然资源局、街道办事处发出司法建议，推动提高基层治理水平，健全预防和治理农村黑恶犯罪长效机制。

案例 3　卜某勃等组织、领导、参加黑社会性质组织案

【基本案情】

2000 年至 2010 年，被告人卜某勃以家族为纽带，通过组建拉煤车队争抢煤炭运输业务、开办经营港口等方式积累了一定经济实力，后通过拉票、贿选等手段当选某村村委会主任，把持基层村务、控制基层党务。2010 年，卜某勃依靠其经济实力和犯罪组织势力，并利用其担任村主任、社区管理人的身份，纠集同族人员和社会闲散人员，先后以某 KTV、某社区工地、“子夏文化园”为据点，通过连续实施寻衅滋事、

聚众斗殴等违法犯罪活动，形成了以卜某勃为组织者、领导者的黑社会性质组织。该组织通过有组织地实施敲诈勒索、强迫交易、职务侵占、非法占用农用地等违法犯罪活动，攫取巨额经济利益，并造成二人轻伤、三人轻微伤和群众数千万元财产损失等严重危害后果。卜某勃依仗组织势力为非作恶，肆意欺压、残害群众，长期控制村事务和社区事务，安排组织成员向社区居民收取各种不合理的高额费用，在较长时间内控制所在地区煤炭运输业务，致使多名受害群众不能通过正常途径维护自己的合法权益，严重破坏当地经济、社会生活秩序。

【裁判结果】

山东省微山县人民法院经审理，对被告人卜某勃以组织、领导黑社会性质组织罪、寻衅滋事罪、聚众斗殴罪、敲诈勒索罪、招摇撞骗罪、骗取贷款罪、妨害作证罪、强迫交易罪、非法占用农用地罪、职务侵占罪、强奸罪判处有期徒刑二十五年，并处没收个人全部财产；对其余十七名被告人分别判处有期徒刑九年至二年不等的刑罚，并处罚金，追缴各被告人的违法所得。宣判后，卜某勃等提出上诉。济宁市中级人民法院裁定驳回上诉，维持原判。

【典型意义】

本案是一起黑恶势力把持基层政权，进而非法控制农村资源的典型案例。被告人卜某勃依托家族宗族势力操纵基层选举，长期担任村主任，把持基层政权，垄断农村资源，严重破坏农村经济、社会生活秩序。该犯罪组织卜姓成员占比达 77.8%，通过非法占用农用地建造“子夏（卜姓祖先）文化园”用于笼络人心，并将该“文化园”作为组织的重要据点，严重干扰基层治理。人民法院对各被告人依法判处刑罚，并对所谓“文化园”进行了处置，有效维护了农村地区稳定。同时，根据案件暴露出的村（社区）“两委”把关不严、行业治理不足等问题，向有关部门制发了司法建议，推动进一步完善基层社会治理体系。

案例4　朱某平等恶势力犯罪集团案

【基本案情】

2015 年 12 月至 2018 年，被告人朱某平将某村自发组织的老年协会改名为“立本堂”管理委员会，由自己担任会长，并让朱氏宗族祠堂每房推举一至二个代表管事，朱某先等人被推举为“立本堂”的副会长或成员。该村“立本堂”以朱某平为首，朱某先等人参与，实施了寻衅滋事、敲诈勒索等一系列违法犯罪行为，打着维护、管理某村朱氏宗族土地的名号，敲诈勒索、强拿硬要、任意损毁他人财物，欺压外姓、外来人员，聚集村民扰乱、破坏机关单位正常办公秩序，在当地造成了恶劣的社会影响。

【裁判结果】

江西省莲花县人民法院经审理认为，被告人朱某平系恶势力犯罪集团的首要分子，应当按照犯罪集团的全部罪行处罚，其行为分别构成寻衅滋事罪、敲诈勒索罪。综合考虑犯罪事实、性质、情节和对社会的危害程度，判处朱某平有期徒刑六年二个月，并处罚金人民币六万元；对其余十二名被告人分别判处有期徒刑三年五个月至六个月不等的刑罚，并处罚金，追缴各被告人的违法所得。宣判后，朱某平等提出上诉。萍乡市中级人民法院裁定驳回上诉，维持原判。

【典型意义】

本案是一起恶势力犯罪集团侵吞农村集体资源、阻挠乡村建设、架空基层自治的典型案例。被告人朱某平等人利用自发组织，逐渐扩大宗族势力，长期采取威胁、滋扰等手段，实施敲诈勒索、寻衅滋事等违法犯罪，非法获取经济利益，严重扰乱农村经济发展、生活秩序，致使村基层党组织、村群众自治组织的管理弱化，严重影响基层社会治理和人民群众生活满意度，造成恶劣的社会影响。人民法院立足主责主业，在依法作出判决的同时，通过制发司法建议参与乡村治理，针对本案审理过程中暴露出的问题，提出加强基层组织建设、规范农村土地审批程序、加大打击土地非法交易、违规建房、违法用地力度等建议。本案的依法判决及后续的社会治理，进一步打击了宗族恶势力的嚣张气焰，充分彰显了审判机关重拳出击、敢于亮剑的坚定决心，有效净化了农村社会风气，对维护人民群众的合法权益、加强基层组织建设具有积极推动作用。

案例5　王某好等恶势力犯罪集团案

【基本案情】

2000年，被告人王某好的父亲王某善开始担任某村党支部书记。2002年8月，王某善及其两个儿子王某好、王某兵等人纠集家族成员公然追打李某米等人，致一人轻伤，逐步在该村形成恶名。2005年、2015年，王某善组织王某好等人，采取打击报复选举对立面和竞争对手、纠集家族势力聚众造势等手段，先后帮助王某好、王某兵当选村党支部书记，持续把持基层政权。2002年至2015年，王某好指使或伙同十余名被告人，经常纠集在一起，以暴力、威胁或者其他手段，在某村及周边地区实施聚众斗殴、寻衅滋事等多起违法犯罪活动，为非作恶，欺压群众，扰乱社会生活秩序，造成较为恶劣的社会影响。

【裁判结果】

安徽省定远县人民法院经审理认为，被告人王某好系恶势力犯罪集团的首要分子，应当按照犯罪集团所犯的全部罪行处罚，其行为分别构成聚众斗殴罪、寻衅滋事罪、诈骗罪、故意伤害罪、重婚罪，综合考虑犯罪事实、情节、社会危害程度，判处王某好有期徒刑十四年，并处罚金人民币十万元；对其余十二名被告人分别判处有期徒刑八年至八个月不等的刑罚，并处罚金，追缴各被告人的违法所得。宣判后，王某好等提出上诉。滁州市中级人民法院裁定驳回上诉，维持原判。

【典型意义】

本案是一起恶势力犯罪集团把持基层政权，实施聚众斗殴、寻衅滋事等违法犯罪活动的典型案例。被告人王某好等人利用家族势力，长期把持基层政权，横行乡里，为非作恶，王某好还利用家族成员担任村干部的便利，伪造材料骗取危房改造补助资金，为家族成员非法占用耕地用于建设猪场、混凝土搅拌站及开挖水塘，对农村集体土地造成严重破坏。人民法院在依法作出判决的同时，将庭审现场打造成警示教育课堂，分批次邀请所在县 258 个村（社区）党组织书记“零距离”旁听庭审，接受“沉浸式”警示教育，做到以案为鉴、以案明纪、以案育人。针对办案过程中发现的村基层党组织建设、农村耕地保护及农村集体资产监管等薄弱环节，向有关部门发出司法建议，推动提高基层治理的能力水平。

司法实务问题研究

刑事审判整体观视域下人民法院轻罪治理的司法探析

潘小华* 周洛寒**

当前中国犯罪结构与形态的演化对我国的社会治理体系带来了新的挑战，推进轻罪治理成为维护社会稳定、深耕法治建设的重要议题。人民法院作为审判罪与非罪、罪轻罪重的关键角色，必须承担起时代使命，与时俱进、顺势而变。具体而言，应当就轻罪案件采取更为宽缓化的司法政策，形成教育为主、惩罚为辅的轻罪司法理念，并以加快案件处理效率、减轻刑罚结果、消除附随后果为手段，最大程度降低轻罪案件给被告人的负担，实现个人教化与社会治理的双赢。

一、逻辑起点：人民法院轻罪治理的时代课题

（一）犯罪结构变化的现实背景

当前，我国犯罪轻重结构正在发生明显变化。一方面，伴随着法治

* 浙江省温州市瓯海区人民法院党组成员、副院长。
** 浙江省温州市瓯海区人民法院刑事审判庭法官助理。

中国建设深入推进，刑法逐渐衍生出防控风险的社会治理功能，罪名在刑法修正过程中趋于扩张，部分罪行轻微的法定犯、行政犯被纳入刑法惩治范围，以保障社会秩序稳定、社会环境和谐，例如，刑法修正案（十一）增加了冒用盗用他人身份、高空抛物、非法催收债务等法定刑有期徒刑三年以下的罪名；另一方面，通过扫黑除恶专项斗争、治安管理手段现代化升级等，针对违法犯罪行为的“天网”越发细密，社会治安环境明显改善，人民群众对法律的敬畏心、信仰力正在不断增强，形成了求助于国家规则制度而非通过逞凶斗勇解决问题的法治氛围。因此，传统意义上的自然犯重罪如故意杀人、故意伤害、抢劫等暴力犯罪相对减少，而与经济活动、网络空间、信息权益等相关的法定犯轻罪，例如，电信诈骗、醉酒驾驶、侵犯公民个人信息等案件占比呈上升趋势。①

根据最高人民法院统计的数据，近年来被判处三年有期徒刑以下刑罚的轻罪案件占全部刑事案件比例基本稳定在80%以上，2023年达到86.21%，重罪占比从2011年的23.25%下降到2023年的13.79%，昭示着轻罪时代的到来。随着我国经济社会发展及依法治国深入推进，犯罪结构呈现的轻罪化趋势预计不会存在大幅反弹，也必然要求社会治理体系作出相应调整，走向社会治理的精细化和预防犯罪的前端控制。因此，人民法院的刑事司法理念应立足轻重分离，从过去治罪为主向治罪和治理并重转变。

（二）比较法视野下的轻罪治理

近代以来，许多国家刑事政策不约而同地向“轻轻重重”两极化发展，均在轻罪治理问题上进行过探索。例如，美国20世纪70年代之后犯罪率整体提高，又受到将加强轻罪打击视为预防暴力犯罪手段的

① 参见李睿懿：《醉酒危险驾驶的治罪与治理》，载《中国应用法学》2024年第3期。

"零容忍"政策等影响，导致犯罪范围扩大、轻罪案件数量激增。虽然各州对于轻罪的定义存在些许出入，但轻罪行为作为各州最轻微、案件数量巨大的犯罪行为，给当地有限的司法资源带来了巨大压力，导致各州在轻罪案件处理程序和刑事责任的承担方面呈现共性特征，即通过简化协商性诉讼程序、减损部分程序性权利等手段对轻罪案件进行分流，通过轻罪犯罪记录删除封存等方式削弱轻罪前科对行为人的影响，但过度重视诉讼效率而忽视诉讼权利保障、无限降低证据标准，也导致错判概率提高，引发了正当化危机。[①] 又如，英国同样在第二次世界大战后采取了趋于轻缓化的刑事政策，将刑法干预个人行为限定在破坏公众秩序和规则的范围，对纯粹的道德犯罪及无被害人的犯罪采取不干涉态度，并通过轻微犯罪行为的非犯罪化改革、加强检察官的不起诉裁量权、大力推行完善非监禁刑等形式，减轻轻微犯罪行为的法律后果，同时减轻监狱负担、降低刑罚执行成本。但在犯罪日渐猖獗及恐怖主义加剧的国际形势下，英国也对这种过度有利于被告人的刑事政策进行了适当纠偏，尤其重视在严重犯罪领域加强打击力度。[②] 欧美国家的"轻轻重重"政策，实则与我国的"宽严相济"原则异曲同工，区分轻罪和重罪并采取不同的司法策略，是刑法参与社会治理的重要途径之一。

（三）推进轻罪治理的社会意义

从司法改革深化的角度来说，我国作为人口大国，客观上存在着有限的司法资源与大量矛盾纠纷解决需求之间的矛盾，尤其在轻罪案件大量涌现的新形势下，基层法院首当其冲要面临更重的案件压力，人案矛盾日益凸显。实行轻重分层、繁简分流、快慢分道的审理模式，是为了更好地在重罪和轻罪之间合理分配司法资源，通过对事实清楚、没有争

① 参见冀莹：《美国轻罪治理体系的现状、困境及反思》，载《政治与法律》2022 年第 1 期。

② 参见李晓明：《轻轻重重与宽严相济：域外刑事政策的借鉴（上）——重在从法律制定与司法运作两个层面探究》，载《法治研究》2010 年第 4 期。

议的简单轻罪案件采取宽松的政策和相对快捷的处理机制，让法官集中时间精力专注于审理疑难复杂的难案要案，从而整体提高审理效率和案件质量，同时，降低羁押监管的刑罚执行成本，实现“以最少的刑罚资源投入达到最大的控制和预防犯罪的效果”①，推进刑事案件的诉源治理。

从社会治理参与的角度来说，随着预防主义刑法的兴起、法定犯的增加，刑法作为社会治理工具的属性日益突出。欧美等国家“在处理轻轻重重上共同的做法，反映出人们在犯罪本质、刑罚功能上的认识变化”②，即从“行为中心”向“行为人中心”转变，从报应刑论向教育刑论转变，更加重视犯罪者的可改造性、可教育性，更加强调刑罚的谦抑性。轻罪案件本身社会危害性相对较小、罪责更轻，其中许多犯罪行为人系初犯、偶犯，因法律意识淡薄或知识欠缺，认不清违规违法与刑事犯罪之间的界限而行差踏错。现在全国每年仍有百万人以上被检察机关提起公诉，如此庞大的人口或因犯罪者标签而让本人及直系子女的就业、生活等方面受限，使其在被孤立、自我厌弃等负面感受中被推向社会对立面，不符合刑法参与社会治理的本意。轻罪治理强调恢复性正义，即通过修复犯罪行为造成的损害，帮助犯罪行为人恢复社会关系，从而减少社会矛盾和对立情绪，推动构建更加和谐稳定的社会环境。

二、现状描摹：人民法院轻罪治理的问题透视

（一）前后受阻，轻罪处理不够快

刑事速裁程序广泛应用以来，在法院审理阶段，其实简单的认罪认罚轻罪案件已经形成了一套成熟的快速办理流程。以浙江省温州市瓯海区人民法院为例，2021 年 1 月至 2024 年 1 月，刑事一审审结认罪认罚案

① 卢建平：《犯罪分层及其意义》，载《法学研究》2008 年第 3 期。

② 张武举、牛克乾：《欧美轻轻重重的刑事政策概述及借鉴》，载《法律适用》2012 年第 6 期。

件共3224件，其中适用速裁程序的案件为1119件，速裁率达到34.7%，速裁案件平均审理天数为6.32天。因刑事案件固有其严格的证据审查标准，基层人案矛盾突出问题客观存在，单独追求法院快审提升空间和实际意义并不大。实践中，部分轻罪被告人长期滞留于司法流程，往往并非因为法院案件审理拖沓，而在于诉讼程序前后遇到各种阻碍。

例如，在部分案件中，侦查机关将被告人长期置于取保状态而未及时推进取证，或前期取证粗糙不到位导致审理阶段补充侦查；公诉机关建议适用缓刑但没有进行前置社会调查即移送起诉，导致审理阶段重新发函等待调查结果；现住地或户籍地社区矫正机构以各种不充分的理由推脱调查或拒绝接收被告人在辖区内进行监管；刑罚执行机关因被告人身患严重疾病，即便不符合暂予监外执行条件或法院决定收押执行，仍要求提供繁复甚至苛刻的手续材料；等等。因此，即便法院在受理后快速审结，但被告人可能已经因该刑事案件长期受到行动限制和思想煎熬，或因迟迟无法落实执行而无法早日实现真正的案结事了。人民法院所追求的轻罪案件快速办结，是简程序不减权利、提速度不降标准，如果过于追求效率而不当减损了被告人的权益，则容易陷入与西方国家相似的正当性危机中，如果只是盲目追求案件平均审理天数而看不到被告人因刑事案件审理前后耗损的时间精力，也同样背离了轻罪治理的初衷。

（二）理念固化，轻罪裁判不够轻

根据最高人民法院工作报告，2018年至2023年，全国法院审结一审刑事案件590.6万件，判处罪犯776.1万人，对2675名公诉案件被告人和2097名自诉案件被告人依法宣告无罪，计算可得全国无罪判决率约为万分之六左右。根据浙江省高级人民法院的工作报告，2023年浙江法院审结一审刑事案件7万件，判处罪犯9.9万人，依法宣告1名公诉案件被告人和7名自诉案件被告人无罪。数据显示，我国的无罪判决率与其他大陆法系或英美法系国家相比长期处于低位，传统刑事司法理念将刑罚视作惩治犯罪、预防犯罪的报应手段，容易陷入罪行与刑罚不可分离的误区，而且有罪无罚不符合群众朴素的正义观，法院作出一份无罪或免刑的裁判，很可能承受抗诉改判的压力，面临轻纵犯罪的指责甚至枉法裁判的怀疑。①

因此，虽然刑法中的出罪条款为刑事司法留下了自由裁量空间，但当侦查机关和公诉机关都作出有罪预判向后移送时，即便法院审查后认为涉案犯罪情节轻微，很少用刑法第十三条“情节显著轻微危害不大的，不认为是犯罪”的规定来认定被告人无罪，而是退而求其次，选择适用刑法第三十七条“犯罪情节轻微不需要判处刑罚”的规定对被告人定罪免刑，绝大多数情况下则是常规的定罪量刑，再通过缓刑适用或降低刑期体现刑罚轻缓化。这种谨慎保守的司法理念虽然能避免出罪免刑条款滥用和司法权力腐败，却是轻罪案件刑罚真正走向轻缓化的阻碍。正如疫情期间因没有健康码无法正常出入场所购买食品药品而进行盗窃的案例，虽然可以通过情节显著轻微出罪或情节轻微免刑，但法院还是保守地选择了定罪判缓。此外，按照认罪认罚从宽制度的适用精神，即便法院认为量刑仍有从轻空间，往往不会与检察机关计较一两个月的刑期，这种对量刑建议充分尊重的做法虽然有利于审理效率提高，但有时亦与轻罪治理的理念偏离。

（三）后果难除，轻罪影响仍深远

“犯罪附随后果是对有犯罪前科者及其家庭成员或亲属适用的，对特定权利和资质的限制、禁止或者剥夺。”② 即便刑事司法流程是短暂的、刑罚是轻缓的，有罪判决的影响却可能是终身且深远的，且不管罪

① 参见王新、张志钢：《我国刑法的有罪免刑制度论要》，载《中国政法大学学报》2014年第1期。

② 罗翔：《犯罪附随性制裁制度的废除》，载《政法论坛》2023年第5期。

行轻重，附随后果将对犯罪者一视同仁（除犯罪时不满十八周岁且被判处五年有期徒刑以下刑罚的未成年人依法可免除前科报告义务并将犯罪记录予以封存）。我国刑事处罚的附随后果与前科制度和政审制度紧密相关，根据刑法第一百条规定，依法受过刑事处罚的人，在入伍、就业时有向有关单位报告前科的义务，尽管该条并没有对犯罪者的权利直接作出限制，但现实中许多用人单位将无犯罪记录作为入职参考条件之一，公务员法、执业医师法和律师法更是明文禁止有前科者从事相关职业。政审制度则将这种考察延伸到家庭成员间，将直系亲属的犯罪情况作为考量政审对象是否能够正当履职的因素。因此，一份定罪裁判除法定的刑事处罚之外，还将另外附加隐形的社会惩罚措施，为犯罪者回归社会设置有形或无形的障碍，在其家庭内部制造紧张关系，造成无谓的社会对立，其中，包含部分即将踏入社会求职的大学生或原本家庭和乐的老人。

刑事犯罪本应罪责自负，无罪者因他人之罪而受权利剥夺、资格限制，这种刑罚附随后果的涉他性存在正当性争议。然而也有观点认为，这种严重的、带有实质重刑主义“连坐”性质的附随后果正是震慑犯罪、遏制犯罪的手段之一，是对犯罪者必要的惩罚，而且从犯罪结构来看，公职单位就业限制对占大多数的社会底层犯罪者影响有限，其他用人单位也应享有对求职者犯罪情况的知情权，以评估并排除用人风险隐患等。这种观点在普通群众中仍颇受欢迎，因此，轻罪前科消灭的构想，从提出时即遭受诸多非议。

三、破解纾困：人民法院轻罪治理的进路探索

（一）贯彻轻罪快审新机制

1. 理顺刑事诉讼全流程

刑事诉讼的全流程应当包含前期诉讼准备和后端刑罚执行阶段，轻

罪快审要求破除各阶段堵点、排除影响案件处理效率的各项阻碍，搭建轻罪案件快速系统性推进的快车道：公安机关侦查阶段对被告人立功线索、涉案财物的性质归属、被害人赔偿诉求及诉讼联系方式等可能影响案件处置效率等细节问题进行充分取证；检察机关审查起诉阶段在严格把握量刑规范、类案平衡的基础上决定量刑建议，提前协调退赃退赔事项、争取被害人矛盾化解，并做好社区调查或诉前羁押措施再行移送；法院在审理阶段充分发挥刑事速裁程序和认罪认罚制度效用，实行提前阅卷、集中开庭、当庭宣判，在保障被告人基本诉讼权益的基础上尽可能争取快办快审，并与社区矫正机构、看守所做好对接，对身患严重疾病的被告人提前进行病情鉴定，确保案件生效后尽快落实执行。

2. 加强公检法系统联动

通过公检法联合会商，制定发布规范性文件，统一证据搜集审查标准，规范公安机关前端的取证工作、提高侦查质量。对常见的轻罪案件，应形成清晰的证据标准，明确侦查卷中必要的证据材料类型。例如，在危险驾驶案件中应当包含归案经过、被告人供述、现场照片、提取血样登记表、酒精含量检验司法鉴定书等证明案件基本事实的材料，在此基础上，根据案件实际情况应提供监控录像、执法记录仪影像、赔偿和解协议、行政处罚决定书及罚款缴纳凭证等对辅助证明指控事实或对案件量刑执行有影响的材料；各地有条件的，可以搭建公检法一体化办案中心，在公检法各单位抽调专员形成办案团队，在专门场所集中办理简单无争议的轻罪案件，实行集中移送、集中审查、集中起诉、集中开庭的打包式模式，形成侦查取证、审查起诉、审理宣判的一站式流程，推行类似轻微刑事速裁案件 48 小时办理的快办机制。

3. 引入智能化辅助手段

以信息技术手段为抓手，多年来的智慧法院建设工作为轻罪治理打下了重要的数字基础。在浙江试点的政法一体化平台全国推广建设的基础上，可以在全国范围跨地域、跨单位实现刑事诉讼流程所有材料的单轨协同，刑事案件从立案到执行移送所有节点在线办理，节约线下送达、异地送达的时间和被告人来回诉讼成本，加快案件流转速度；通过引入人工智能技术，开发刑事智审辅助系统并嵌入办公办案平台，以犯罪构成、犯罪情节、量刑规范为核心构建定罪量刑模型，让人工智能助手同步辅助法官审查证据、分析案情、提供法律条文引用及量刑意见并草拟判决文书，缩短阅卷时间；在中国裁判文书网、全国法院案例库深度检索平台信息，进行类案推送，发现可能存在同案不同判或与指导案例冲突的风险时发出预警，并提供典型案例、地区类案平均量刑以供法官参考，提高量刑精准度。

（二）落实轻罪轻刑新理念

1. 活用出罪免刑条款

轻微刑事案件的非罪化，过去主要在检察阶段不起诉进行出罪处理，但不意味着通过检察阶段审查的就一定是有罪或当罚的案件，法院应当对涉案罪行轻重、危害性进行独立价值判断。“充分释放‘但书’在轻微犯罪中的出罪功能与轻微犯罪治理的理念逻辑相契合”,① 同理，适当扩张有罪免刑条款的适用是刑罚轻缓化的必然要求。轻罪时代下，需要刑法第十三条、第三十七条出罪免刑条款充分发挥价值，既不能滥用错用，也不能完全不敢用。人民法院首先需要转变司法理念、跳出固有思维，如判断被告人的行为确实不具有刑事可罚性，或对其判处刑罚超出了必要性原则，那么就应该作出无罪或免刑判决，通过这样的判决导向，指引检察机关今后对类似的案件在审查起诉阶段即作出不起诉的轻缓化处理。同时，为了避免自由裁量权在轻罪案件中的过度扩张，上级法院也可以通过司法解释、指导意见等形式，使对常见个罪情节轻微或显著轻微的判断标准更加具体化、统一化，或要求相关案件判决书进

① 夏伟：《“但书”出罪运行机制实证研究》，载《中国法学》2023 年第 4 期。

行详细说理和论证，确保符合人民群众对公平正义的期待，以规范化条款的适用。

2. 扩大非监禁刑适用

对犯罪者的自由剥夺和社会隔离，即便只是短暂的一两个月，也等同对其周边生活圈公开其犯罪者身份，使其面临失业失学、社会评价下降、在监禁过程中受他人不当引导“交叉感染”等风险，与让其持续在原本的社会环境中接受刑事处罚完全不同。在轻罪案件中扩大缓刑、单处罚金刑等非监禁刑的适用比例，不仅有利于监狱机关减轻执行成本和负担，也有利于帮助犯罪者减弱刑罚社会影响、预防再犯罪。2010年《最高人民法院关于贯彻宽严相济刑事政策的若干意见》即提出，对于所犯罪行不重、主观恶性不深、人身危险性较小、有悔改表现、不致再危害社会的犯罪分子，具备条件的，应当依法适用缓刑或者管制、单处罚金等非监禁刑。与此同时，在存在被害人的轻罪案件中，应当更加重视社会关系修复效果，以充分赔偿作为非监禁刑适用的要件，如要求犯帮助信息网络犯罪活动罪的被告人超出违法所得范围，对受电信网络诈骗的被害人进行退赔以取得谅解，通过对被告人加强经济制裁、打击犯罪链条下游洗钱行为，最大程度挽回被害人损失、减少社会矛盾。

3. 加强社区矫正衔接

按照上述逻辑，在推进轻罪治理的背景下，非监禁刑尤其是缓刑的比例将有所上升，法院需要和社区矫正机构做好沟通对接。首先，在确定缓刑监管地时，应在充分听取被告人意愿，以有利于被告人教育改造、社会回归为原则进行移送，监管地一般为其现生活居住和工作所在地。鉴于轻罪案件快速审理的需求，对于判处有期徒刑六个月以下刑罚并适用缓刑的被告人，应与属地司法局协商交接规则，一般可以不进行社区调查评估直接进行移送，社区矫正机构不应无正当理由拒绝接收或变相拒绝接收（包含要求外来务工人员提供长期住房合同、劳动合同），确保裁判生效后被告人能尽快顺利入矫。其次，应当要求社区矫正机构充分发挥矫正功能，重视开展监管和帮教工作，在严格管理的基础上做到灵活变通，避免将监管变成长期的高压和负担、过度影响矫正对象正常生活。比如，可以通过线上人脸识别打卡、微信群报到、定位监测系统等形式代替传统线下签到，对矫正对象进行动态监管，定期上门开展谈心谈话了解矫正对象的生活工作近况，并引导其通过参与社区公益服务建立和谐的社区关系。

（三）探索社会回归新办法

1. 附条件封存、消灭前科

我国刑法在消除附随后果方面对未成年人充分体现宽宥，然而年龄并非区分一个人是否可以教育改造的标准。所犯罪行的性质、情节和轻重程度基本能够反映出犯罪者的社会危险性、再犯可能性，可以以此为基准来划分出真正的再犯罪高危人群。因此，除强迫型性犯罪、严重暴力犯罪、反国家犯罪的重罪犯应保留前科，作为预防再犯罪的风险预警外，对初犯偶犯、犯罪情节并非极其恶劣、人身危险性和主观恶性不大的轻罪犯罪者，应当借鉴未成年人保护制度，交由法院、检察院决定进行犯罪前科封存，免除其前科社会报告义务，“复权”其普通公民身份，并赋予相关犯罪记录隐私权保护地位，避免通过公众传播衍生出新的负面非规范性评价。在此基础上，可以设置考察期制度，如犯罪者在考察期内重新违法犯罪，可以撤销封存决定进行前科公开，否则将彻底消灭犯罪记录，从而使犯罪者更加珍惜轻缓判决结果、预防再犯罪。

2. 建立轻罪专项数据库

犯罪前科封存是针对社会大众进行封存，公安机关面向普通社会用人单位查询前科情况时，应当就被封存犯罪前科的对象开具无犯罪记录证明，保证其基础的就业生活需要，但公检法系统内部仍需针对轻罪前科设置专门的信息储存数据库留档备查，并对该对象是否正处于前科封存考察期内或已经完成前科消灭等情况进行备注。一方面，是为部分涉敏涉密国家单位提供政审考察渠道，如果是将纪法都严格视为职业红线的国家机关，我们没有理由帮助对象隐瞒最为严重的刑事犯罪；另一方面，是为确保对象再犯罪时司法机关能够进行准确全面评价，避免因遗漏对象前科导致错误判断其再犯危险性、量刑不适当等，除了已经完成前科消灭的情况，司法机关仍应将被封存的轻罪前科作为加重惩罚的量刑情节。因此，不论是法院或检察院作出了前科封存决定，都应在专门数据库内实时更新进行登记，并在司法系统内实现数据互通、权限共享。

3. 促进矛盾根源社会化解

矛盾实质性化解对于轻罪治理而言既是手段也是目的。尤其是针对邻里家事领域矛盾引发的轻微刑事案件而言，如果只是单纯解决了刑事案件，没有解决矛盾根源，可能导致犯罪再发生再转化。因此，在此类轻微刑事案件中，对被害人的损害弥补和社会关系恢复的价值高于通过国家强制力对施害方进行报复惩罚、加深双方矛盾，① 司法机关需要以矛盾化解为导向促进刑事和解。公安或检察机关基于轻伤害行为的刑事和解，可不予立案或不起诉处理。法院在审理轻罪案件时应当分析犯罪源头，对被告人充分进行司法教育、引导其真诚向被害人赔礼道歉，并积极介入双方经济赔偿协商，以赔偿谅解结果作为是否进行非刑罚化处理的重要因素，案后协调双方所在村社镇街、派出所进行回访调查或深入沟通劝解，落实再次“民转刑”风险防控。

① 参见黄渝景：《社会效果视野下的轻罪和解制度研究》，载《求索》2006年第10期。

新类型疑难案例选评

被告人魏某香挪用资金案

温望望*　潘梦君**　阙苗蕊***

【裁判要旨】

在一人有限责任公司在经营中存在私人银行账户供公司使用等公私混同的情况下，公司出纳利用职务便利，使用其保管的个人银行卡向银行借款后挪归个人使用的，应当依法认定为挪用资金罪。

【案件索引】

一审：（2023）浙0381刑初114号

【基本案情】

公诉机关：浙江省瑞安市人民检察院

被告人：魏某香

被告人魏某香系瑞安市某鞋业有限公司（以下简称某鞋业公司）

* 浙江省瑞安市人民法院审判管理办公室副主任。
** 浙江省瑞安市人民检察院第九检察部副主任。
*** 浙江省瑞安市人民检察院第三检察部检察官助理。

的出纳。2022 年 4 月初至 8 月初，被告人魏某香利用职务便利，在未经公司负责人同意的情况下，从公司负责人黄某妹个人支付宝账户（该账户系黄某妹交魏某香保管，用于公司资金结算）私自挪用该公司资金 32866. 67 元用于偿还其向他人的借款，后陆续归还大部分资金，截至案发仍有 3925. 79 元未归还。

2022 年 8 月 7 日，被告人魏某香在网络上被他人以刷单做任务的方式诈骗。因对方诈骗过程中提示需交纳保证金，被告人魏某香遂利用职务便利，在未经公司负责人同意的情况下，私自挪用该公司资金共计 575054 元（其中，公司账户内资金 259166 元，另由公司使用的公司负责人黄某妹的个人银行账户内贷款所得的资金 315888 元），后转入诈骗人员提供的账户内。截至案发，被告人魏某香未将挪用的资金归还。2022 年 12 月 8 日，被告人魏某香到公安机关投案，并交代了主要犯罪事实。

【审判】

法院生效裁判认为：被告人魏某香担任某鞋业公司出纳一职期间，利用职务之便，挪用本单位资金归个人使用，数额较大，超过三个月未还，其行为已构成挪用资金罪。公诉机关指控的罪名成立。被告人魏某香有自首情节，依法从轻处罚；自愿认罪认罚，依法从宽处理。辩护人周某才提出以上相关从轻处罚的辩护意见，本院予以采纳。公诉机关提出对被告人魏某香判处有期徒刑一年的量刑建议适当，应予采纳。法院遂判决：（1）被告人魏某香犯挪用资金罪，判处有期徒刑一年；（2）责令被告人魏某香退还被害单位某鞋业公司共计人民币 578979. 79 元。

宣判后，被告人未上诉，检察机关未抗诉，判决已发生法律效力。

[评析]

出纳挪用公司私人账户贷款所得资金的定性

本案审理过程中，对于魏某香利用其作为某鞋业公司出纳的职务便利，擅自将公司涉案银行账户上的资金转给诈骗人员，并且超过三个月未予归还，属于挪用资金罪的挪用行为的事实没有认识分歧。本案的争议焦点在于本罪的犯罪对象。根据刑法第二百七十二条之规定，挪用资金罪的犯罪对象是“本单位资金”，而对于魏某香挪用黄某妹私人银行卡贷款后所得的资金是否可视为“本单位资金”，笔者认为答案是肯定的，具体分析如下。

一、公司人格混同时，内部人员通过私人账户借贷所得的资金应归属于公司

本案之所以对魏某香所挪用贷款的归属问题产生较大的分歧，原因在于该笔贷款的来源系黄某妹的私人银行账户，而非公司账户。由此，在公司出纳使用私人账户向银行申请贷款的情况下，明确该笔贷款的归属是关键所在。黄某妹系该借贷合同的相对方，涉案贷款在形式上归属于黄某妹个人。但从实质立场考察，涉案贷款应认定为公司资金，纳入犯罪对象的范围内。

（一）本案中的被害单位某鞋业公司属一人公司，且已发生人格混同

一人公司是我国市场经济活动中的重要主体，在性质上属有限责任公司，具有独立的法人人格。一人公司在实际经济活动中，发生人格混同的风险却远高于普通的非一人公司。一方面，一人公司多数情况下系由出资设立该公司的唯一股东负责管理，决策公司的全部事项，不存在

其他股东的制约与平衡。在此情况下，股东的意志等同于公司的意志，公司业务的开展全然丧失了独立性。另一方面，财产混同是判定公司人格混同的主要标准，而一人公司相较于非一人公司更易发生财产混同。一人公司的财务管理制度往往不完善，公司财产与股东财产分界不清，权属不明。反观本案，倪某伟系某鞋业公司的唯一股东，且兼执行董事一职，全面负责公司事务，同时倪某伟的妻子黄某妹也介入公司日常管理，可见某鞋业公司已成“夫妻店”，公司不具备独立意思。更为关键的是，某鞋业公司已发生财产混同。结合司法实践，财产混同主要表现在公司与股东财产无法区分，股东与公司使用同一个银行账户，财产所有权主体同一；公司与股东债务难以区分，借款和还款主体同一。根据在案证据，某鞋业公司进行财务收支所使用的账户除对公账户外，还使用多个倪某伟亲属的私人银行账户，包括其妻子黄某妹、儿子及姐夫的银行账户，这些私人银行卡均被用于接收货款、发放工人工资等经营活动中。同时，公司出纳魏某香在黄某妹的指示下，经常用公司资金在私人账户之间多次走账，增加个人资金交易流水，以此提高个人信用贷款额度。由此，某鞋业公司存在严重的“私卡公用”情形，公司资金与股东亲属银行卡中的资金极易发生混淆，难以区分。故某鞋业公司在实际运营和财产方面，均产生了混同，可以认定其人格已发生混同。

（二）在某鞋业公司人格混同的情况下，公司出纳魏某香使用实际用于公司的私人账户所申请的贷款，应归属于公司所有

从债务承担的角度来看，魏某香以黄某妹银行账户申请贷款，增设债务，黄某妹仅是名义上的借款人，某鞋业公司是实际的损失承受者。刑事看行为，民事看关系。刑法中的造成损失，是以行为作为标准进行认定，强调的是行为所造成的直接损失；而民事法律关系是以实际发生

和补偿损失作为基础，损失承担根据双方的民事法律关系来认定。[①] 从民事关系上来看，黄某妹是借贷合同的相对方，银行可请求由黄某妹承担债务清偿责任；但从刑事角度考察，某鞋业公司系魏某香挪用行为所造成的受损害方。因该涉案账户实际用于公司，又是因公司内部人员的职务行为而产生的债务，理应由公司清偿债务。同时，某鞋业公司已发生人格混同，不具有独立的法人地位。倪某伟作为某鞋业公司唯一的经营管理者，其妻子黄某妹又辅助管理公司事务，在决策或规划公司资产用途时并无其他股东的牵制和干涉。倪某伟又系公司唯一的风险承担者和收益获得者，公司的有限责任形同虚设，其个人或家庭的经济状况与公司的财务状况直接挂钩。对于黄某妹所负的大额借款，倪某伟和黄某妹均不会也没有必要去区分这是个人债务、家庭债务还是公司债务，自然而然会使用公司财产进行清偿。因此，涉案贷款的实际偿还者系公司。

从人格否认制度的价值基础和公司法人人格反向否认制度来看，涉案贷款应归属于公司。维护社会公平和正义是公司法人人格否认制度的价值基础。当公司法人人格形骸化，股东滥用独立法人人格和有限责任损害社会公共利益或债权人利益，或利用法人这一工具实施犯罪活动，现存的法律框架不能直接追究股东的法律责任，利益受损害的一方得不到法律的支持，责任自负的归责原则难以在刑法中体现时，就需要法律制度进行修正，以维护社会的公平和正义。公司法人人格反向否认指股东滥用公司独立人格时，逆向否认公司独立人格，公司为股东的个人债务承担连带责任。[②] 虽然本案中并不存在公司人格混同时股东滥用法人独立人格侵害债权人利益的行为，也不可直接将民法制度适用于刑事范畴，但该制度的立法精神和刑法的法益保障机能一脉相承，都是为了保护受害方的财产权益，维护社会公平正义，故可以借鉴人格否认制度的

① 参见周光营：《冒用公司名义对外借款行为的司法认定》，载《法律适用》2019 年第 14 期。

② 参见岳万兵：《反向否认公司人格：价值、功用与制度构建》，载《国家检察官学院学报》2021 年第 6 期。

价值内涵和法人人格反向否认制度来处理本案涉案资金的权属问题。在某鞋业公司已发生人格混同的情况下，出纳魏某香利用职务便利挪用私卡贷款所得资金，公司法人人格被反向否认，公司以其资产对股东亲属银行账户中的借款进行清偿。公司蒙受无妄之灾，沦为受害一方。若仅因涉案资金来源于私人银行卡，就将该笔资金予以剔除，不给予刑法上的评价，魏某香的挪用行为无法刑事归责，则置公司利益于何处？

综上所述，一人公司法人人格混同时，一人公司对股东名下的对外借款承担无限连带责任。在此情况下，公司内部员工利用职务便利，通过用于公司财务收支的私人银行账户向银行借贷所得资金应认定为挪用资金罪中的"本单位资金"。

二、公司内部人员擅自申请贷款至私人账户，侵犯公司财产权和委托信任关系

刑法的根本任务在于对法益的保护，只有侵犯挪用资金罪的客体，才能构成本罪。就本案而言，魏某香擅自申请贷款，挪用发放至私人账户的资金如何定性，需要解决的核心问题在于其行为侵犯的客体内容。

关于挪用资金罪的犯罪客体，目前尚无定论，主要有单一客体说与复杂客体说。单一客体说认为，该罪侵犯的是公司、企业或其他单位的财产权。复杂客体在包含公司、企业或其他单位的财产权益的基础上，根据其他具体法益内容的不同产生了多种观点。第一种观点认为，该罪侵犯的客体还应当包括公司的日常财务管理制度；第二种观点认为，该罪侵犯的客体还有公司内部人员的职务廉洁性；第三种观点认为，该罪还侵犯公司与内部工作人员的委托信任关系。本文认为日常财务管理制度不能成为本罪的客体。首先，挪用行为的主观故意系暂时取得本单位资金的使用权，具有归还意图，对单位资金管理制度的侵害程度较轻，不足以上升到刑法保护的地步。其次，日常财务管理制度属于偶然客体，不宜纳入挪用资金罪的客体考虑。并非所有的市场经营主体都会制

定财务管理制度，尤其是在中小微企业占据经营主体90%以上的今天，公司负责人大多缺乏资产规范管理的意识，如本案中的某鞋业公司。因此，挪用行为的发生并不必然侵犯公司财务管理制度。最后，针对认为该罪除侵犯财产权益外还侵害职务廉洁性的观点，本文认为也不妥当。确定某一具体犯罪的保护法益必须具有经验的实在性，法益内容不能过于抽象。[①]“廉洁性”是带有道德色彩的词汇，其内涵模糊不清，所指向的法益具有不确定性，无法指导人们的行为。因此，出于对维护忠实义务和职业道德的考虑，将职务的廉洁性阐释为委托信任关系更为明确具体。综上所述，本文支持复杂客体说，认为挪用资金罪保护的法益系公司、企业或其他单位的财产权及单位与工作人员的委托信任关系。

（一）本案行为已侵犯公司的资金使用权

我国刑法理论一般认为，犯罪对象直接或间接反映犯罪客体，而犯罪对象是指构成要件行为所作用的物、人、组织、制度等客观存在的现象，[②] 具体到挪用资金罪，当犯罪客体是公司、企业或其他公司的财产使用权时，其犯罪对象就是本单位资金。本案中，魏某香挪用行为所指向的对象则是发放至蔡某某名下个人银行卡中的贷款。关于贷款，中国人民银行于1996年发布的《贷款通则》已有明确的释义，系指贷款人对借款人提供的并按约定的利率和期限还本付息的货币资金，因此，贷款属于“资金”范畴并无争议。但对于该笔贷款系发放至蔡某某的个人银行卡中，有观点认为因存放于在他人账户中，未处于公司的实际控制之下，故并未侵犯公司对该笔资金的使用权，不属于本单位资金，因此，未侵犯单位的财产权益。实务中也有类似的相关判例，如曹某案[③]。被告人曹某系某村的党支部书记，以村名义向银行申请贷款，但

① 参见张明楷：《具体犯罪保护法益的确定标准》，载《法学》2023年12期。
② 参见张明楷：《刑法学》，法律出版社2021年版，第210页。
③ 参见辽宁省高级人民法院（2009）辽审刑提字第1号刑事裁定书。

该贷款一直存放于银行而未实际发放至村集体的账户。法院裁判认为，只有当单位拥有资金的所有权或者能够实际占有、控制时才可认定为本单位资金，因该村并未实际控制该笔资金，故不认为属村集体的资金，进而认定被告人曹某不构成挪用资金罪。由此可知，认定本单位资金时，遵循货币占有即所有的一般原则，只有当单位对资金处于实际控制地位时才能认定为本单位资金。回归到本案，某鞋业公司存在资产混同，历来存在私卡公用行为，而蔡某某名下的银行账户也被实际用于公司业务开展、经营收支。即便涉案资金系储存于私人账户中，但魏某香因作为公司出纳而拥有了经手、管理公司资金及相关账户的职务便利，涉案资金的产生与魏某香的职务行为有着不可割裂的因果关系，只要涉案资金进入公司财务收支所使用的账户中，公司对该笔资金即拥有了实际控制权。因此，魏某香的占有、使用行为侵犯了某鞋业公司的财产权。

（二）本案行为已侵犯委托信任关系

挪用犯罪可是一种纯正的背信犯罪，本质上是对内部信任关系的违反。[①] 挪用资金罪的先决条件是拥有职务上管理、经手本单位资金的便利，而行为人之所以拥有此种职务便利，来源于用人单位的授权委托。用人单位给员工发放劳动报酬，员工在收取报酬后为单位付出劳动，二者之间存在着天然的委托信任关系，员工基于信任关系对单位负有不牟取个人利益的义务。所以，当行为人未经许可将本单位资金用于他处时，违反了单位的意志，侵害了单位的财产权益，实质上是违反了忠实义务，破坏了行为人与单位之间的委托信任关系。回归本案，魏某香基于某鞋业公司对其的信任管理公司的资金，魏某香则对公司负忠实义务，不得侵犯公司的财产，保护与维系其与公司之间的信任关系。某鞋业公司将所有用于公司财务收支的银行卡、账户密码、网银均交由魏某

① 参见黄福涛：《挪用犯罪新论》，中国人民公安大学出版社2012年版，第135页。

香打理，可见某鞋业公司对魏某香有较大的信赖期待。但魏某香因被电信网络诈骗而失去理智，贸然通过实际用于公司的黄某妹银行账户贷款，给公司增设重大债务，使公司承受本不该有的损失。资金是公司的命脉，关乎公司的生产与发展。魏某香滥用公司赋予的权力，辜负了公司对其职务的期待，严重破坏其与公司之间的委托信任关系。而人与人的信任关系是公司正常生产、经营的基础，对魏某香造成的危害后果应予以惩戒。故应当将此破坏委托信任关系行为产生的贷款金额纳入挪用资金的犯罪数额范围。

三、财产混同的情形下，难以审查资金的用途和归属

本案分歧意见二认为，在私卡公用的情况下，需逐笔审查资金是否被用于公司生产、经营，从而确定资金归属。该观点忽视了资金是以货币为载体的，货币属种类物的性质。对于某鞋业公司等一人公司，其自身的经营秩序和财务制度就存在诸多问题，体现在公司内部资金缺乏完善、规范的管理机制上，如未设置独立的财务系统、公司账簿不明确，公司盈利与股东的收益无法区分等。因公司货款、工人工资或其他公司资金在公司的对公账户、股东或股东亲属名下的私人账户之间频频流转，故难以在证据层面确定公司内部人员挪用的资金究竟是公司财产还是股东个人财产。对于本案而言，魏某香系使用黄某妹的银行账户申请贷款50万元，该笔贷款发放至蔡某某的银行账户中，魏某香对其中的部分资金予以挪用，资金已发生混同的情况下，是难以将每笔资金剥离出来进行审查的，若对该笔资金予以剔除，那么认定挪用的涉案资金则小于实际挪用的资金，导致公司对该部分资金的财产权益保护落空。因此，宜将魏某香从用于公司收支的银行账户中所转移占有的资金悉数认定为某鞋业公司的“本单位资金”，最大限度地保护公司财产权。

莫某兵非法采矿案

车 乔* 李 伟**

【裁判要旨】

被告人在出海前与非法采砂方先行联系，商定过驳地点、重量、价格以及联系所使用的高频号，属于事前通谋，构成非法采矿罪共犯。对尚未销赃的海砂，应当以盗采行为终了时或者采挖期间当地海砂平均市场价格为基准，委托当地政府相关部门所属价格认证机构进行价格认定。

【案件索引】

一审：浙江省瑞安市人民法院（2023）浙 0381 刑初 1955 号（2023 年 12 月 20 日）

【基本案情】

浙江省瑞安市人民检察院指控，被告人莫某兵构成非法采矿罪，向浙江省瑞安市人民法院提起公诉。

* 浙江省温州市中级人民法院环境资源审判庭法官助理。
** 浙江省瑞安市人民法院行政审判庭庭长。

法院经审理查明：2022 年 8 月初，被告人莫某兵与采砂上家商议从其处购买非法海砂。同年 8 月 21 日 7 时，被告人莫某兵接上家通知后指挥其租赁的“鑫裕海 1”船从台州市松门港出发，同日晚抵达福建省大嵛山附近海域抛锚等待两日；同月 23 日 20 时许，该船经通知前往附近长表岛核电重件码头外面海域等待，23 时两艘采砂船靠近，并通过船头自带的传送带向“鑫裕海 1”船过驳海砂。次日（24 日）凌晨过驳结束后，“鑫裕海 1”船便驶往台州方向，于同日 12 时在北龙岛附近海域被海警查获。经查，福建省自然资源厅只在厦门湾口海域颁发过采矿许可证。经鉴定，“鑫裕海 1”船所载砂子类别为海砂。经称重，“鑫裕海 1”船所载海砂重 3124. 84 吨。经价格认定，涉案海砂价格每吨 90 元，价值共计人民币 281235. 6 元。

【审判】

法院生效裁判认为：涉案海砂价格认定单价问题，对尚未销赃的海砂，应当以盗采行为终了时或者采挖期间当地海砂平均市场价格为基准，委托当地政府相关部门所属价格认证机构进行海砂价格认定。根据瑞安市价格认证中心出具的价格认定结论书，涉案海砂单价系以 2022 年 8 月 24 日为基准日的本地区市场价确定。

被告人莫某兵违反矿产资源法的规定，未取得采砂许可证与他人通谋结伙采矿，情节严重，其行为已触犯刑法，犯罪事实清楚、证据确实充分，构成非法采矿罪。公诉机关指控的罪名成立。被告人莫某兵自愿认罪认罚，可以从宽处理。

浙江省瑞安市人民法院于 2023 年 12 月 20 日作出（2023）浙 0381 刑初 1955 号刑事判决书，对被告人莫某兵以非法采矿罪判处有期徒刑九个月，并处罚金人民币 1 万元。宣判后，被告人莫某兵未提出上诉，判决已经发生法律效力。

［评析］

非法采砂案件上下游犯罪的罪与罚

本案是认定非法采砂案件中过驳和运输海砂行为人构成非法采矿共同犯罪的典型案件，是我国高度重视海洋生态环境保护并依法打击涉海砂违法犯罪的一个缩影。

一、非法采矿共犯的认定

（一）条文溯析

近十年来，我国把生态文明建设摆在全局工作的突出位置，海洋生态环境保护是生态文明建设的重要组成部分。而我国当前盗采海砂违法犯罪形势异常严峻，盗采海砂违法犯罪不仅会造成海岸线破坏、威胁海洋生态环境安全，催生海上黑恶势力，还会危害建筑工程安全并影响航道畅通、通航安全，具有较大的社会危害性。为了加大依法惩治涉海砂违法犯罪的打击力度，持续推进环境资源司法保护，最高人民法院、最高人民检察院于2016年联合出台的《关于办理非法采矿、破坏性采矿刑事案件适用法律若干问题的解释》（以下简称《非法采矿罪解释》）第七条规定，明知是犯罪所得的矿产品及其产生的收益，而予以窝藏、转移、代为销售或者是以其他方法掩饰、隐瞒的，依照刑法第三百一十二条的规定，以掩饰、隐瞒犯罪所得罪定罪处罚。实施上述规定的犯罪行为，事前通谋的，以共同犯罪论处。

从性质上来看，该条款属于注意规定。所谓注意规定，是指在刑法已作基本规定的前提下，提示司法工作人员注意，以免司法工作人员忽略的规定，并不会改变基本规定的内容，只是对相关规定内容的重申。[①] 根据刑法第二十五条第一款的规定，共同犯罪是指二人以上共同故意犯罪，因《非法采矿罪解释》第七条第二款规定的行为符合刑法第二十五条第一款所规定的共同犯罪的成立要件，即使没有该注意规定，对存在与非法采矿罪本犯通谋，事后实施掩饰、隐瞒犯罪所得及其产生的收益等行为的，也应以共同犯罪论处。换言之，假使没有设立该带有提示性质的规定，司法人员也应根据刑法规定对案件进行分析处理。但在实践中，针对运输环节以非法采矿罪还是掩饰、隐瞒犯罪所得罪定罪处罚仍存在争议，《非法采矿罪解释》第七条第二款特意作了提示性规定，进一步统一法律适用。

（二）观点争鸣

准确区分非法采矿罪共同犯罪以及掩饰、隐瞒犯罪所得罪、犯罪所得收益罪的核心在于对事前通谋的认定。

对于何为事前通谋，学理上认识不一。张明楷教授认为，事前通谋意味着参与人事前同意在正犯者犯罪之后对正犯者实施掩饰、隐瞒行为，增强了正犯者的犯罪意志，这便使事前通谋行为与正犯结果之间具有心理的因果性。[②] 陈兴良教授指出："二人以上通过交流犯罪思想而形成故意犯罪，这种思想已经发生人与人之间的社会关系，而不仅仅是思想的范畴。在二人以上犯罪思想交流的基础上，往往对犯罪进行谋划、商议，决定共同实施犯罪，就是刑法上的共谋。"[③] 刘艳红教授认为，共谋是指二人以上为了实行特定的犯罪，以将各自的意思付诸实现为内容，互相就犯罪实行共同发挥作用的意思沟通，从而共识成为犯罪行为。[④]

---

① 参见张明楷：《刑法分则的解释原理》，中国人民大学出版社 2011 年版，第 622 页。

② 参见张明楷：《诈骗犯罪论》，法律出版社 2021 年版，第 426 页。

③ 参见陈兴良：《共同犯罪论》，中国人民大学出版社 2006 年版，第 74 页。

④ 参见刘艳红：《共谋共同正犯论》，载《中国法学》2012 第 6 期。

在对事前通谋认识不一的基础上，张明楷教授认为，事前向正犯者承诺在犯罪之后对正犯者实施窝藏、包庇行为的，即使事后并没有实施窝藏、包庇行为，也成立共犯。[①] 据此观点，在非法采砂案件中，只要下家事前向上家承诺盗采海砂后会将盗采的海砂运输销售，即使事后并没有转运并销售，也成立非法采矿罪的共犯。而刘艳红教授则认为，共谋者只有分担了与实行行为作用相当的行为，才能构成共同犯罪，仅有共谋事实而无任何客观实质上的分担行为，不成立共谋共同正犯。据此观点，要成立非法采矿共同犯罪，上家不仅要在与下家存在事前共谋的情形下直接实施盗采海砂行为，而且下家的共谋关系对盗采海砂的实行行为形成了重要参与关系，在犯罪结果贡献上提供了相应的价值分担。

（三）非法采矿共犯中事前通谋的界定

在实践中，囿于盗采海砂“采、运、销”一体化模式增多，下家通常辩解自己与盗采海砂上家并不存在事前通谋，割裂与上游非法采砂行为的关联性。故有必要对非法采矿共犯中的事前通谋进行界定。我们尝试将事前通谋拆分为事前和通谋来进行理解。

首先，关于“事前”的认定。按照共同犯罪理论，共同犯罪主观方面要求各共同犯罪人之间必须有共同的犯罪故意，并且有意思联络，这种意思联络必须发生在犯罪既遂之前。[②] 因此，这里的事前指的是在犯罪既遂前，即通谋要发生在非法采矿犯罪实施前或实施中。根据《最高人民法院、最高人民检察院、中国海警局依法打击涉海砂违法犯罪座谈会纪要》（以下简称《纪要》）第二条的规定，对于发生在犯罪既遂之前的“事中故意”和“临时故意”，也可以被归入事前的范畴。

---

① 参见张明楷：《诈骗犯罪论》，法律出版社 2021 年版，第 426 页。

② 参见李相波、田心则：《〈最高人民法院、最高人民检察院、中国海警局依法打击涉海砂违法犯罪座谈会纪要〉的理解与适用》，载《中国应用法学》2023 年第 4 期。

非法过驳、运输海砂的犯罪分子在非法采砂行为已经终了才就犯罪后如何窝藏、转移、收购赃物等事项进行沟通的，不属于事前通谋的范畴。

其次，关于“通谋”的认定。顾名思义，指的是非法采矿罪共犯行为人之间共同商议犯罪的行为。第一，非法采挖海砂上家与下家之间存在共同商议的行为，且共同商议行为与实施非法采挖海砂之间具有因果性，促成了非法采挖海砂行为的发生。第二，上家与下家是为了实施共同的犯罪而进行谋议，强调下家有明知非法采挖海砂上家将要或正在盗采海砂的故意，若下家仅有明知系非法采砂行为人违法所得的故意，则不构成非法采矿罪的事前通谋行为。第三，通谋的内容须包括犯罪策划、分工，具体包括但不限于具体联系交易时间、地点、数量、价格、交易方式等。

通过上述拆分分析仍无法把握运砂下家是否存在事前通谋的，我们还可借助客观表现来反推事前通谋的存在。例如，有证据证明在非法采砂行为前或非法采砂过程中，下家通过无线电、卫星电话、互联网通信工具等联系购买海砂，指使或者驾驶运输船前往约定的海域直接从采砂现场过驳和运输、销售海砂；又如，有证明存在“采、购、销”利益链条，若下家明知上家实施非法采砂，为牟取非法利益，仍提供运输工具积极配合并购买销售，实际上与非法采砂行为构成了不可分割的联合体，直接推动了上家更频繁的采砂活动；再如，根据《纪要》第三条的规定，可以结合下家任职情况、职业经历、专业背景、培训经历或者本人有无因同类行为受行政处罚或刑事追究等情况进行综合分析判断。

具体到本案中，莫某兵在出海前就已经与非法采砂上家进行联系，符合“事前”的特征；商定过驳地点、重量、价格以及联系所使用的高频号，满足“通谋”的要求；此外，莫某兵按照事先约定驾船到达过驳点后，等待非法采砂方呼叫并指挥采砂方装卸、过驳刚盗采的海砂，并由莫某兵根据事先约定支付购砂款，属于事前通谋，构成非法采矿罪。

二、非法采挖海砂案件上下游犯罪的量刑问题

本案中，因莫某兵与非法采砂上家就非法采挖海砂事项存在事前通谋，最终以非法采矿罪定罪处罚。假设莫某兵与非法采砂上家不存在事前通谋，而是在非法采砂行为完成后，直接从采砂船过驳和运输海砂，对于莫某兵应以掩饰、隐瞒犯罪所得罪定罪处罚，当非法采砂上家犯罪事实成立时，应认定非法采砂上家成立非法采矿罪。因两罪的定罪量刑标准差异较大，若不妥当处理，将会出现下列刑期倒挂及轻重失衡的问题。

根据《非法采矿罪解释》第三条的规定，非法采矿罪入罪数额标准为“开采的矿产品价值或者造成矿产资源破坏的价值在 10 万元至 30 万元以上的”，对应量刑幅度在“三年以下有期徒刑、拘役或者管制”；根据《最高人民法院关于审理掩饰、隐瞒犯罪所得、犯罪所得收益刑事案件适用法律若干问题的解释》（以下简称《掩饰、隐瞒犯罪所得罪解释》）第三条的规定，掩饰、隐瞒犯罪所得、犯罪所得收益罪情节严重的一般数额标准为“掩饰、隐瞒所得及其产生的收益价值总额达到 10 万元以上的”，对应量刑幅度为“三年以上七年以下有期徒刑”。

究其成因，笔者分析，《掩饰、隐瞒犯罪所得罪解释》将情节严重的一般数额标准设置在 10 万元以上本意是为了最大范围实现上游犯罪量刑相协调——掩饰、隐瞒犯罪所得罪的上游犯罪多为侵财类犯罪，其中盗窃的比例高达 90%以上，诈骗、抢夺、职务侵占的比例占 8%左右，10 万元的数额标准参照了盗窃、诈骗、抢夺犯罪有关司法解释的数额规定。[①] 然而，该司法解释无法实现掩饰、隐瞒所得罪与所有上游犯罪量刑相协调，因为按照《非法采矿罪解释》第三条第二款的规定，

① 参见陆建红、杨华、曹东方：《〈关于审理掩饰、隐瞒犯罪所得、犯罪所得收益刑事案件适用法律若干问题的解释〉的理解与适用》，载《人民司法（应用）》2015 年 17 期。

在非国家实施特殊保护的矿区，只有在开采矿产品价值达到50万元以上的，才能被认定为情节特别严重并对非法采矿行为人处以三年以上七年以下的刑罚。

为了解决上下游犯罪罪责刑不适应问题，《纪要》第七条规定，以掩饰、隐瞒犯罪所得罪定罪处罚的，应当注意与上游非法采矿犯罪保持量刑均衡。笔者以为，作为上游犯罪的非法采矿罪，其侵犯的法益是国家对矿产资源的所有权、矿产资源的完好性及生态环境，同时具有妨害刑事追诉活动及非法牟利的双重属性，而作为加入犯的下游犯罪掩饰、隐瞒犯罪所得罪侵犯的主要是司法秩序，下游犯罪的社会危害性与本犯相比相对较小，侵害客体更简单。因此，与此相对应，下游犯罪的刑期在一般情况下也应低于上游犯罪，并且，就同一犯罪对象而言，对掩饰、隐瞒犯罪所得罪的刑罚应低于非法采矿罪的刑罚。

本案中，在一开始的假设即非法采矿上家与莫某兵不存在事前通谋成立的前提下，鉴于涉案海砂的鉴定价格为281235.6元，对非法采矿上家应当处以三年以下有期徒刑，对莫某兵的量刑也应当与上游犯罪保持量刑均衡，即应当处以三年以下有期徒刑，且判处的刑罚应当低于非法采矿上家所处刑罚。

三、非法采挖海砂案件中海砂价值的认定

因海砂价值的认定关涉案件追诉定罪的问题，有必要对非法采挖海砂案件中海砂价值进行认定。

刑法第三百四十三条非法采矿罪的构罪标准是“情节严重”，《非法采矿罪解释》第三条列举了“情节严重”的几种情形，包括“开采的矿产品价值或者造成矿产资源破坏的价值在10万元至30万元以上的”，第十五条规定各省高院可以根据本地区实际情况在上述规定范围内确定执行的具体数额标准。由此，浙江省高级人民法院、浙江省人民检察院于2017年发布《关于确定非法采矿罪、破坏性采矿罪数额标准

的通知》，根据省内实际情况，将该标准确定为20万元。

本案中，辩护人对涉案海砂价值认定有异议，认为被告人莫某兵在非法采砂运输过程中被查获，海砂价值应当以“出水价格”而非以“到岸价格”进行认定，对瑞安市价格认证中心的认定结论应不予采纳。辩护人认为，“出水价格”指的是被告人莫某兵与非法采砂上家之间事前约定好的海砂交易价格，即莫某兵以每吨35元的价格从非法采砂上家购入，且运砂船在运输过程中被查获，故应在扣除运输成本后，以每吨35元的单价乘以总海砂重量得出的价格作为“出水价格”，故涉案海砂赃物价值为11万余元。

本案被告人虽认罪认罚，但对海砂销赃数额的价值鉴定直接决定了是否达到刑事立案标准及量刑幅度问题，故该辩护意见仍系本案争议之焦点。根据最高人民检察院、公安部、中国海警局《办理海上涉砂刑事案件证据指引》的相关规定，对尚未销赃的海砂，应委托当地政府价格认证机构进行海砂价格认定，或委托省级以上人民政府自然资源、水行政、海洋等主管部门出具报告，并结合其他证据作出认定。认定时，以盗采行为终了时或者采挖期间当地海砂平均市场价格为基准。一般而言，在非法采砂现场、运输过程中被查获的海砂价值，以“出水价格”认定；完成运输、卸货尚未销售的海砂价值，以“到岸价格”认定。

既然涉案海砂于运输过程中被查获，那涉案海砂价值应以“出水价格”进行认定，辩护人提出的异议看似有理，实则不然，因其偷换了此处“出水价格”的概念。笔者认为，此处的“出水价格”“到岸价格”核心在于以“出水日”还是“到岸日”作为价格认证的时间节点，以“出水日”即以非法采矿行为时的市场价格作为价格认定的基准，而辩护人所指“出水价格”系非法采矿行为人之间约定好的收购价格。本案中，根据瑞安市价格认证中心出具的价格认定结论书，涉案海砂单价系以2022年8月24日为基准日的本地区市场价格进行认定，并无不当。

《刑事法律文件解读》
2024 年总目录

法律、法律性文件与解读

行政法规、法规性文件与解读

司法解释、司法指导性文件与解读

部门规章、规章性文件与解读

地方性法规、地方政府规章与解读

地方司法业务文件与解读

指导案例、典型案例与解读

法答网精选答问

司法实务问题研究

新类型疑难案例选评

最新立法司法动态

最新法律文件解读丛书

稿　　约

最新法律文件解读丛书是一套以为最新法律规范提供同步“解读”为主的系列丛书，分为刑事、民事、商事、行政与执行4个分册，按月出版。

本丛书以“解读”为重点，突出全、专、新、快、准等特点，通过对最新出台的法律、法规、司法解释、部门规章以及重要地方性法规进行同步动态解读，弥补了法律、法规、司法解释汇编类出版物没有同步阐释、解读内容的不足，为广大读者学习理解最新法律规范，正确贯彻执行法律文件，及时解决实践中的新情况、新问题，提供一个全方位、多层面的法律信息平台。

欢迎您向以下栏目赐稿：

【最新法律文件解读】主要是对最新颁行的法律文件进行解读，帮助司法和执法人员正确理解法律文件的立法背景、意义、重点内容、在适用中应注意的问题、与相关法律文件的衔接与互动关系等。

【司法实务问题研究】主要刊登对司法理论、实务及司法管理工作中的热点、疑难问题进行研究及评论的文章。

【新类型疑难案例选评】主要是对司法和行政执法实践中具有典型性和代表性的疑难案例，结合具体案情以及审理或处理结果进行简练精辟的点评，解析认识问题的方法、处理问题的法律依据和在个案中的具体适用。

【法学前沿与新视点】以摘要的形式刊登相关法学理论研究的最新动态及具有代表性和典型性的前沿问题，扩展法学研究的深度和广度。

【法律适用问题解答】主要针对司法和行政执法实践中面临的新问题、热点问题、疑难问题进行简要的解答，指出涉及的法律关系，明确法律适用依据。

稿件一经刊用即付稿酬，稿酬从优。

《刑事法律文件解读》　周　敏　邮箱：xingshijiedu@163.com
《民事法律文件解读》　杨　洁　邮箱：1216921515@qq.com
《商事法律文件解读》　路建华　邮箱：shangshijiedu@126.com
《行政与执行法律文件解读》　丁塞峨　邮箱：1290312696@qq.com

人民法院出版社
最新法律文件解读丛书编辑部

人民法院出版社 2025 年连续出版物

中国审判指导丛书

1.《刑事审判参考》

最高人民法院刑事审判第一庭、第二庭、第三庭、第四庭、第五庭共同主办。全年 6 辑,每辑 68.00 元,共 408.00 元。

2.《民事审判指导与参考》

最高人民法院民事审判第一庭编。全年 4 辑,每辑 68.00 元,共 272.00 元。

3.《商事审判指导》

最高人民法院民事审判第二庭编。全年 2 辑,每辑 68.00 元,共 136.00 元。

4.《立案工作指导》

最高人民法院立案庭编。全年 2 辑,每辑 68.00 元,共 136.00 元。

5.《审判监督指导》

最高人民法院审判监督庭编。全年 2 辑,每辑 68.00 元,共 136.00 元。

6.《知识产权审判指导》

最高人民法院民事审判第三庭编。全年 2 辑,每辑 68.00 元,共 136.00 元。

7.《涉外商事海事审判指导》

最高人民法院民事审判第四庭编。全年 2 辑,每辑 68.00 元,共 136.00 元。

8.《中国少年司法》

最高人民法院少年法庭指导小组编。全年 4 辑,每辑 68.00 元,共 272.00 元。

9.《执行工作指导》

最高人民法院执行局编。全年 4 辑,每辑 68.00 元,共 272.00 元。

10.《国家赔偿与司法救助办案指导》

最高人民法院赔偿委员会办公室编。全年 2 辑,每辑 68.00 元,共 136.00 元。

最新法律文件解读丛书

《刑事法律文件解读》《民事法律文件解读》《商事法律文件解读》《行政与执行法律文件解读》

人民法院出版社编。全年 12 辑,每辑 28.00 元,共 336.00 元。

判解研究系列

1.《判解研究》

中国人民大学民商事法律科学研究中心主办,著名民法学家王利明教授主编,CSSCI 来源集刊。全年 4 辑,每辑 68.00 元,共 272.00 元。

2.《刑事法判解》

北京大学法治与发展研究院刑事法治研究中心主办,著名刑法学家陈兴良教授主编,车浩教授任执行主编。全年 2 辑,每辑 68.00 元,共 136.00 元。

3.《刑事法判解研究》

北京师范大学刑事法律科学研究院编。全年 2 辑,每辑 68.00 元,共 136.00 元。

司法从业人员案头必备权威工具书

1.《司法文件选》

最高人民法院研究室编。全年 12 辑,每辑定价 8.00 元,共 96.00 元。

2.《司法文件选解读》

最高人民法院研究室编。全年 12 辑,每辑定价 10.00 元,共 120.00 元。

3.《司法文件选(2023 年合订本)》

最高人民法院研究室编。本书定价 82.00 元。

4.《司法文件选解读(2023 年精选集)》

最高人民法院研究室编。本书定价 86.00 元。

银行汇款方式:

开户银行:工行北京国家文化与金融合作示范区金街支行

账号:0200000709004606170

开户名称:人民法院出版社有限公司

传真:010-67550541

上述图书,邮购请加 15%邮费。

邮局汇款方式:

邮编:100745

地址:北京市东城区东交民巷 27 号

联系人:人民法院出版社有限公司

咨询电话:010-67550595　67550536